HISTOIRE

DE MA VIE

PARIS. — TYPOGRAPHIE DE HENRI PLON
8, rue Garancière.

HISTOIRE
DE MA VIE

PAR

GEORGE SAND

Charité envers les autres;
Dignité envers soi-même;
Sincérité devant Dieu.

Telle est l'épigraphe du livre que j'entreprends.
5 avril 1847.

GEORGE SAND.

TOME DIXIÈME

PARIS

MICHEL LÉVY FRÈRES, LIBRAIRES-ÉDITEURS

RUE VIVIENNE, 2 *bis*

1856
1857

HISTOIRE
DE MA VIE

CINQUIÈME PARTIE
(*Suite.*)

CHAPITRE SEPTIÈME
(*Suite.*)

Personnalité de la jeunesse. — Détachement de l'âge mûr.
— L'orgueil religieux — Mon ignorance me désole encore.
— Si je pouvais me reposer et m'instruire! — J'aime,
donc je crois. — L'orgueil catholique, l'humilité chrétienne. — Encore Leibnitz. — Pourquoi mes livres ont
des endroits ennuyeux. — Horizon nouveau. — Allées et
venues. — Solange et Maurice. — Planet. — Projets de
départ et de dispositions testamentaires. — M. de Persigny.
— Michel (de Bourges).

Je vivais trop en moi-même, par moi-même et
pour moi-même. Je ne me savais pas égoïste, je ne
croyais pas l'être, et si je ne l'étais pas dans le sens
étroit, avare et poltron du mot, je l'étais dans mes

idées, dans ma philosophie. Cela est bien visible dans les *Lettres d'un voyageur*. On y sent la personnalité ardente de la jeunesse, inquiète, tenace, ombrageuse, *orgueilleuse* en un mot.

Oui, orgueilleuse, je l'étais, et je le fus encore longtemps après. J'eus raison de l'être en bien des occasions, car cette estime de moi-même n'était pas de la vanité. J'ai quelque bon sens, et la vanité est une folie qui me fait toujours peur à voir. Ce n'était pas moi-même, à l'état de personne, que je voulais aimer et respecter. C'était moi-même à l'état de créature humaine, c'est-à-dire d'œuvre divine, pareille aux autres, mais ne voulant pas me laisser moralement détériorer par ceux qui niaient et raillaient leur propre divinité.

Cet orgueil-là, je l'ai encore. Je ne veux pas qu'on me conseille et qu'on me persuade ce que je crois être mauvais et indigne de la dignité humaine. Je résiste avec une obstination qui n'est que dans ma croyance, car mon caractère n'a aucune énergie. Donc la croyance est bonne à quelque chose. Elle remédie parfois à ce qui manque à l'organisation.

Mais il y a un fol orgueil que l'on nourrit au dedans de soi–même et qui s'exhale de l'homme à Dieu. A mesure que nous nous sentons devenir plus intelligents, nous nous croyons plus près de lui, ce qui est vrai, mais vrai d'une manière si relative à notre misère, que notre ambition ne s'en contente pas. Nous voulons comprendre Dieu, et nous lui demandons ses secrets avec assurance. Dès que les croyances aveugles des religions enseignées ne nous suffisent plus et que nous voulons arriver à la foi par les propres forces de notre entendement, ce qui est, je le soutiens, de droit et de devoir, nous allons trop vite. Nous autres Français surtout, ardents et pressés à l'attaque du ciel comme à celle d'une redoute, nous ne savons pas planer lentement et monter peu à peu sur les ailes d'une philosophie patiente et d'une lente étude. Nous demandons la grâce sans humilité, c'est-à-dire la lumière, la sérénité, une certitude que rien ne trouble; et quand notre faiblesse rencontre dans le moindre raisonnement des obstacles imprévus, nous voilà irrités et comme désespérés.

Ceci est l'histoire de ma vie, ma véritable histoire. Tout le reste n'en a été que l'accident et l'apparence. Une femme très-supérieure dont je parlerai plus tard [1] m'écrivait dernièrement en me parlant de Sainte-Beuve : « *Il a toujours été tourmenté des choses divines.* » Le mot est beau et bon, et m'a résumé mon propre tourment. Hélas ! oui, c'est un calvaire que cette recherche de la vérité abstraite ; mais ç'a été un moindre tourment pour Sainte-Beuve que pour moi, j'en réponds ; car il était savant,

---

[1] Madame Hortense Allart.

et je n'ai jamais pu l'être, n'ayant ni temps, ni
mémoire, ni facilité à comprendre la manière des
autres. Or cette science des œuvres humaines n'est
pas la lumière divine, elle n'en reçoit que de fugitifs
reflets ; mais elle est un fil conducteur qui m'a man-
qué et qui me manquera tant que, forcée à vivre
de mon travail de chaque jour, je ne pourrai consacrer au moins quelques années à la réflexion et à
la lecture.

Cela ne m'arrivera pas : je mourrai dans le nuage
épais qui m'enveloppe et m'oppresse. Je ne l'ai déchiré que par moments ; et, dans des heures d'inspiration plus que d'étude, j'ai aperçu l'idéal divin
comme les astronomes aperçoivent le corps du soleil
à travers les fluides embrasés qui le voilent de leur
action impétueuse et qui ne s'écartent que pour se
resserrer de nouveau. Mais c'est assez peut-être,
non pour la vérité générale, mais pour la vérité à
mon usage, pour le contentement de mon pauvre
cœur ; c'est assez pour que j'aime ce Dieu que je
sens là, derrière les éblouissements de l'inconnu, et
pour que je jette au hasard dans son infini mystérieux l'aspiration à l'infini qu'il a mise en moi et
qui est une émanation de lui-même. Quelle que
soit la route de ma pensée, clairvoyance, raison,
poésie ou sentiment, elle arrivera bien à lui, et ma
pensée parlant à ma pensée est encore avec quelque
chose de lui.

Que vous dirai-je, cœurs amis qui m'interrogez?
J'aime, donc je crois. Je sens que j'aime Dieu de
cet *amour désintéressé* que Leibnitz nous dit être le
seul vrai et qui ne se peut assouvir sur la terre,
puisque nous aimons les êtres de notre choix par
besoin d'être heureux, et nos semblables comme
nous aimons nos enfants, par besoin de les rendre
heureux, ce qui est au fond la même chose, leur
bonheur étant nécessaire au nôtre. Je sens que mes
douleurs et mes fatigues ne peuvent altérer l'ordre
immuable, la sérénité de l'Auteur de toutes choses;
je sens qu'il n'agit pas pour m'en retirer en modi-
fiant les événements extérieurs autour de moi; mais
je sens que quand j'anéantis en moi la personnalité
qui aspire aux joies terrestres, la joie céleste me
pénètre, et que la confiance absolue, délicieuse,
inonde mon cœur d'un bien-être impossible à décrire. Comment ferais-je donc pour ne pas croire,
puisque je sens?

Mais je n'ai véritablement senti ces joies secrètes
qu'à deux époques de ma vie, dans l'adolescence, à
travers le prisme de la foi catholique, et dans l'âge
mûr, sous l'influence d'un détachement sincère de
ma personnalité devant Dieu. — Ce qui ne m'empêche pas, je le déclare, de chercher sans cesse à le
comprendre, mais ce qui me préserve de le nier aux
heures où je ne le comprends pas.

Quoique mon être ait subi des modifications et

passé par des phases d'action et de réaction, comme tous les êtres pensants, il est au fond toujours le même : besoin de croire, soif de connaître, plaisir d'aimer.

Les catholiques, et j'en ai connu de très-sincères, m'ont crié que dans ces trois termes il y en avait un qui tuerait les deux autres. La soif de connaître est, suivant eux, l'ennemi et le destructeur impitoyable du besoin de croire et du plaisir d'aimer.

Ils ont quelquefois raison, ces bons catholiques. Dès qu'on ouvre la porte aux curiosités de l'esprit, les joies du cœur sont amèrement troublées et risquent d'être emportées pour longtemps dans la tourmente. Mais je dirai encore là que la soif de connaître est inhérente à l'intelligence humaine, que c'est une faculté divine qui nous est donnée, et que refuser à cette faculté son exercice, s'efforcer de la détruire en nous, c'est transgresser une loi divine. Il en est de ces croyants naïfs qui ne sentent pas les tressaillements de leur intelligence et qui aiment Dieu avec leur cœur seulement, comme de ces amants qui n'aiment qu'avec leurs sens. Ils ne connaissent qu'un amour incomplet. Ils ne sont pas encore à l'état d'hommes parfaits. Ignorant leur infirmité, ils ne sont pas coupables; mais ils le deviennent dès qu'ils la sentent ou la devinent, s'ils s'opiniâtrent dans leur impuissance.

Les catholiques appelleront encore ce que je dis

là les suggestions du démon de l'orgueil. Je leur répondrai : « Oui, il y a un démon de l'orgueil ; je consens à parler votre langue poétique. Il est en vous et en moi. En vous, pour vous persuader que votre sentiment est si grand et si beau que Dieu l'accepte sans se soucier du culte de votre raison. Vous êtes des paresseux qui ne voulez pas souffrir en risquant de rencontrer le doute dans une recherche approfondie, et vous avez la vanité de croire que Dieu vous dispense de souffrir, pourvu que vous l'adoriez comme un fétiche. C'est trop d'estime de vous-mêmes. Dieu voudrait davantage, et cependant vous êtes contents de vous.

» Le démon de l'orgueil! Il est en moi aussi chaque fois que je m'irrite contre les souffrances que j'ai acceptées en sortant du facile aveuglement des *mystères*. Il a été en moi surtout au commencement de cette recherche, et il m'a rendue sceptique pendant quelques années de ma vie. Il était né chez vous, mon démon d'orgueil ; il me venait de l'enseignement catholique ; il méprisait ma raison au moment où je voulais en faire usage ; il me disait : Ton cœur seul vaut quelque chose, pourquoi l'as-tu laissé languir? Et ainsi émoussant l'arme dont j'avais besoin, chaque fois que j'y portais la main, il me rejetait dans le vague et voulait me persuader de ne croire qu'à mon sentiment.

» Ainsi, ceux que vous appelez des esprits forts,

ô catholiques, ne sont pas toujours assez fiers de
leur raison, tandis que vous autres, vous êtes à
toute heure excessivement orgueilleux de votre sentiment. »

Mais le sentiment sans raison fait le mal aussi
aisément que le bien. Le sentiment sans raison est
exigeant, impérieux, égoïste. C'est par le sentiment
sans raison qu'à quinze ans je reprochais à Dieu,
avec une sorte de colère impie, les heures de fatigue
et de langueur où il semblait me retirer sa grâce.
C'est encore par le sentiment sans raison qu'à trente
ans je voulais mourir, disant : Dieu ne m'aime pas
et ne se soucie pas de moi, puisqu'il me laisse faible, ignorante et malheureuse sur la terre.

Je suis encore ignorante et faible; mais je ne suis
plus malheureuse, parce que je suis moins orgueilleuse qu'alors. J'ai reconnu que j'étais peu de chose :
raison, sentiment, instinct réunis, cela fait encore
un être si fini et une action si bornée, qu'il faut en
revenir à l'humilité chrétienne jusqu'à ce point de
dire : « Je sens vivement, je comprends fort peu
et j'aime beaucoup. » Mais il faut quitter l'orthodoxie catholique quand elle dit : Je prétends
sentir et aimer sans rien comprendre. Cela est
possible, je n'en doute pas, mais cela ne suffit
pas à accomplir la volonté de Dieu, qui veut que
l'homme comprenne autant qu'il lui est donné de
comprendre.

En résumé, s'efforcer d'aimer Dieu en le comprenant, et s'efforcer de le comprendre en l'aimant ;
s'efforcer de croire ce que l'on ne comprend pas,
mais s'efforcer de comprendre pour mieux croire,
voilà tout Leibnitz, et Leibnitz est le plus grand
théologien des siècles de lumière. Je ne l'ai jamais
ouvert, depuis dix ans, sans trouver, dans celles de
ses pages où il se met à la portée de tous, la règle
saine de l'esprit humain, celle que je me sens de
plus en plus capable de suivre.

Je demande bien pardon de ce chapitre à ceux
qui ne se sont jamais *tourmentés des choses divines.*
C'est, je crois, le grand nombre ; mon insistance
sur les idées religieuses ennuiera donc beaucoup
de personnes ; mais je crois les avoir déjà assez
ennuyées, depuis le commencement de cet ouvrage,
pour qu'elles en aient, depuis longtemps, abandonné la lecture.

Ce qui, du reste, m'a mise à l'aise toute ma vie
en écrivant des livres, c'est la conscience du peu
de popularité qu'ils devaient avoir. Par popularité,
je n'entends pas qu'ils dussent, par leur nature,
rester dans la région aristocratique des intelligences.
Ils ont été mieux lus et mieux compris par ceux
des hommes du peuple qui portent le sentiment de
l'idéal dans leur aspiration, que par beaucoup d'artistes qui ne se soucient que du monde positif.
Mais, soit dans le peuple, soit dans l'aristocratie,

je n'ai dû contenter, à coup sûr, que le très-petit
nombre. Mes éditeurs s'en sont plaints. « Pour
Dieu, m'écrivait souvent Buloz, pas tant de mysticisme! » Ce bon Buloz me faisait l'honneur de voir
du mysticisme dans mes préoccupations! Au reste
tout son monde de lecteurs pensait comme lui que
je devenais de plus en plus ennuyeuse, et que je
sortais du domaine de l'art, en communiquant à
mes personnages la contention dominante de mon
propre cerveau. C'est bien possible, mais je ne vois
pas trop comment j'eusse pu faire pour ne pas écrire
avec le propre sang de mon cœur et la propre
flamme de ma pensée.

On s'est souvent moqué de moi autour de moi.
Je ne demandais pas mieux. Qu'importe? J'aime à
rire aussi à mes heures, et il n'est rien qui repose
l'âme tendue vers le spectacle des choses abstraites
comme de se moquer de soi-même dans l'entr'acte.
J'ai vécu plus souvent avec les personnes gaies
qu'avec les personnes graves, depuis mon âge mûr
surtout, et j'aime les caractères artistes, les intelligences d'instinct. Leur commerce habituel est beaucoup plus doux que celui des penseurs obstinés.
Quand on est, comme moi, moitié *mystique* (j'accepte le mot de Buloz), moitié artiste, on n'est pas
de force à vivre avec les apôtres du raisonnement
pur, sans risquer d'y devenir fou; mais aussi, après
des jours passés dans le délicieux oubli des choses

dogmatiques, on a besoin d'une heure pour les écouter ou pour les lire.

Voilà pourquoi j'ai fait fatalement des romans dont une partie plaît aux uns et déplaît aux autres; voilà surtout ce qui, en dehors de toute influence des chagrins positifs, explique la tristesse et la gaieté des *Lettres d'un voyageur*.

J'approche du moment où ma vue s'ouvrit sur une perspective nouvelle, la politique. J'y fus conduite comme je pouvais l'être, par une influence du sentiment. C'est donc une histoire de sentiment, c'est trois ans de ma vie que j'ai à raconter.

Revenue à Nohant en septembre, retournée à Paris à la fin des vacances avec mes enfants, je revins encore, en janvier 1835, passer quelques jours sous mon toit. C'est là que j'écrivis le second numéro des *Lettres d'un voyageur* dans une disposition un peu moins sombre, mais encore très-triste. Enfin, je passai février et mars à Paris, et en avril j'étais de nouveau à Nohant.

Ces allées et ces venues me fatiguaient le corps et l'âme. Je n'étais bien nulle part. Il y avait pourtant du bon dans mon âme, ces lettres désolées me le prouvent bien aujourd'hui; mais, tout en me débattant pour retourner aux douceurs de ma vie de Nohant, j'y trouvais de tels ennuis, et, d'autre part, mon cœur était si troublé, si déchiré par des chagrins secrets, que j'éprouvai tout à coup le besoin

de m'en aller. Où? je n'en savais rien, je ne voulais
pas le savoir. Il me fallait aller loin, le plus loin
possible, me faire oublier en oubliant moi-même.
Je me sentais malade, mortellement malade. Je
n'avais plus du tout de sommeil, et, par moments,
il me semblait que ma raison était prête à me
quitter. Je m'étais fait un riant espoir d'avoir ma
fille avec moi; mais je dus renoncer, pour le moment, au plaisir de l'élever moi-même. C'était une
nature toute différente de celle de son frère, s'en-
nuyant de ma vie sédentaire autant que Maurice s'y
complaisait, et sentant déjà le besoin d'une suite
de distractions appropriées à son âge et nécessaire
à l'énergie alors très-prononcée de son organisation.
Je la menais à Nohant pour la secouer et la développer sans crise; mais quand il fallait revenir à la
mansarde et ne plus avoir une demi-douzaine d'enfants villageois pour compagnons de ses jeux éche-
velés, sa vigueur physique comprimée se tournait
en révolte ouverte. C'était une enfant terrible si
drôle, que mes amis la gâtaient affreusement, et
moi-même, incapable d'une sévérité soutenue, vaincue par une tendresse aveugle pour le premier âge,
je ne savais pas, je ne pouvais pas la dominer.

J'espérai qu'elle serait plus calme et plus heureuse avec d'autres enfants, et dans des conditions
où la discipline subie en commun paraît moins dure
aux natures indépendantes. J'essayai de la mettre

en pension dans une de ces charmantes petites mai-
sons d'éducation du quartier Beaujon, au milieu de
ces tranquilles et riants jardins qui semblent destinés à n'être peuplés que de belles petites filles.
Mesdemoiselles Martin étaient deux bonnes sœurs
anglaises vraiment maternelles pour leurs jeunes
élèves. Ces élèves n'étaient que huit, condition excellente pour qu'elles fussent choyées et surveillées
avec soin.

Ma grosse fille se trouva fort bien de ce nouveau
régime. Elle commença à s'effiler et à se civiliser
avec ses compagnes. Mais elle resta longtemps sauvage avec les personnes du dehors, avec mes amis
surtout, qui se plaisaient trop à se faire ses esclaves.
Elle avait une manière d'être si originale et si comique avec eux, que la fine mouche, voyant bien
qu'en les faisant rire elle les désarmait, s'en donnait
à cœur joie. Emmanuel Arago surtout, ce bon frère
aîné, qu'elle traitait encore plus lestement que Maurice, et qui était encore assez enfant lui-même pour
s'en divertir, fut sa victime de prédilection. Un
jour qu'elle s'était montrée fort aimable avec lui,
jusqu'à le reconduire à la porte du jardin de la pension : « Solange, lui dit-il, qu'est-ce que tu veux
que je t'apporte quand je reviendrai ? — Rien, lui
dit-elle, mais tu peux me faire un grand plaisir si
tu m'aimes bien. — Lequel, dis ? — Eh bien, mon
garçon, c'est de ne jamais revenir me voir. »

Une autre fois qu'elle était chez moi, un peu
malade, et que le médecin avait recommandé de la
faire promener, elle partit de bonne grâce, en
flacre, avec Emmanuel, pour le jardin du Luxembourg; mais, chemin faisant, il lui prit fantaisie de
déclarer qu'elle ne voulait pas se promener à pied.
Emmanuel, à qui j'avais recommandé d'être inflexible, tint bon, et lui déclara, de son côté, que
ce n'était pas la coutume de se promener en flacre
dans le jardin du Luxembourg, et qu'elle y mar-
cherait sur ses pieds bon gré, mal gré. Elle parut
se soumettre; mais arrivée à la grille, quand il la
prit dans ses bras pour la faire descendre, il s'a-
perçut qu'elle était sans souliers. Elle les avait
adroitement détachés et jetés dans la rue avant d'arriver. « A présent, lui dit-elle, vois si tu veux me
faire marcher pieds nus. »

Souvent, quand j'étais dehors avec elle, il lui
passait par l'esprit de s'arrêter court et de ne vouloir ni marcher ni monter en voiture, ce qui ameu-
tait les passants autour de nous. Elle avait sept ou
huit ans, qu'elle me faisait encore de ces tours-là,
et qu'il me fallait la porter malgré elle du bas de
l'escalier à la mansarde, ce qui n'était pas une petite affaire. Et le pire, c'est que ces humeurs bizarres
n'avaient aucune cause que je pusse prévoir d'a-
vance et deviner ensuite. Elle-même ne s'en rend
pas compte aujourd'hui ; c'était comme une impos-

sibilité naturelle de se plier à l'impulsion d'autrui, et je ne pouvais pas m'habituer à briser par la rigueur cette incompréhensible résistance.

Je me décidai donc à me séparer d'elle pour quelque temps; mais quoiqu'il me fût bientôt prouvé qu'elle acceptait plus volontiers la règle générale que la règle particulière, et qu'elle était heureuse en pension, ce fut pour moi un profond chagrin de voir que son bonheur d'enfant ne lui venait pas de moi. J'en fus d'autant plus disposée, malgré mes belles résolutions, à la gâter par la suite.

De son côté, Maurice faisait tout le contraire. Il ne voulait et ne savait vivre qu'avec moi. Ma mansarde était le paradis de ses rêves. Aussi, quand il fallait se séparer le soir, c'étaient des larmes à recommencer, et je ne me sentais pas plus de courage que lui.

Mes amis blâmaient ma faiblesse pour mes pauvres enfants, et je sentais bien qu'elle était extrême. Je ne l'entretenais pas à plaisir, car elle me déchirait l'âme. Mais que faire pour la vaincre? J'étais opprimée et torturée par mes entrailles comme je l'étais d'ailleurs par mon cœur et mon cerveau.

Planet me conseilla de prendre une grande résolution, et de quitter la France au moins pour un an. « Votre séjour à Venise a été bon pour vos enfants, me disait-il: Maurice n'a travaillé et ne travaillera au collège qu'en vous sentant loin de lui. Il

est encore faible. Solange, trop forte, subit une
crise de développement physique dont vous vous
tourmentez trop. En vous faisant sa victime, elle
s'habitue à vous voir souffrir, et cela ne vaut rien
pour elle. Vous n'avez pas de bonheur, cela est certain ; votre intérieur à Nohant n'est possible qu'à
la condition d'y être comme en visite. Votre mari
est aigri maintenant par votre présence, et le temps
approche où il en sera irrité. Vous vous affectez de
vos chagrins extérieurs jusqu'à vous en créer d'imaginaires. Vos écrits prouvent que vous vous tournez
contre vous-même, et que vous vous en prenez à
votre propre organisation, à votre propre destinée,
d'une rencontre de circonstances fâcheuses, il est
vrai, mais non pas tellement exceptionnelles que
votre volonté ne puisse les surmonter ou les faire
fléchir. Un moment viendra où vous le pourrez ;
mais auparavant il vous faut recouvrer la santé
morale et physique que vous êtes en train de perdre. Il faut vous éloigner du spectacle et des causes
de vos souffrances. Il faut sortir de ce cercle d'ennuis et de déboires. Allez-vous-en faire de la poésie
dans quelque beau pays où vous ne connaîtrez personne. Vous aimez la solitude, vous en serez toujours privée ici : ne vous flattez pas de vivre en
ermite dans votre mansarde. On vous y assiégera
toujours. La solitude est mauvaise à la longue ;
mais, par moments, elle est nécessaire. Vous êtes

dans un de ces moments-là. Obéissez à l'instinct qui vous y pousse ; fuyez ! Je vous connais, vous n'aurez pas plutôt rêvé seule quelques jours que vous reviendrez croyante, et quand vous en serez là, je réponds de vous. »

Planet a toujours été pour ses amis un excellent médecin moral, persuasif par l'attention avec laquelle il pesait ses conseils et celle qu'il portait à comprendre votre véritable situation. Beaucoup d'amis ont le tort de vous juger d'après eux-mêmes, de vous apporter une opinion toute faite, que ne modifie aucune objection de votre part, et qui vous fait sentir que vous n'êtes pas compris. Planet, ingénieux dans l'art de consoler, interrogeait minutieusement, n'avait pas de parti pris, tant qu'il n'avait pas réussi à se figurer qu'il était vous-même, et alors il se prononçait avec une grande décision et une grande netteté. Pour les gens qui ne le connaissaient que superficiellement, Planet était un type de simplicité et même de niaiserie ; mais il avait, pour nous autres, le génie du cœur et de la volonté. Il n'est aucun de nous, je parle de ce groupe berrichon qui ne s'est jamais divisé et dont je faisais partie, qui n'ait subi plusieurs fois dans sa vie l'influence extraordinaire de Planet, celui d'entre nous qui, au premier abord, eût semblé devoir être mené par tous les autres.

Je fus donc persuadée, et un beau matin, après

avoir arrangé tant bien que mal mes affaires de
façon à m'assurer quelques ressources, je quittai
Paris sans faire d'adieux à personne et sans dire
mon projet à Maurice. Je vins à Nohant pour prendre
congé de mes amis et les entretenir de mes enfants,
dans le cas où quelque accident me ferait trouver
la mort en voyage, car je voulais aller loin devant
moi en prenant la route de l'Orient.

Je savais bien que mes amis n'auraient aucune
autorité sur mes enfants tant qu'ils seraient enfants.
Mais ils pouvaient, au sortir de ce premier âge,
exercer sur eux de douces influences. J'espérais
même que madame Decerfz pourrait être une véritable mère pour ma fille, et je voulais vendre ma
propriété littéraire pour lui créer une petite rente
qui la mît à même de faire son éducation, dans le
cas où mon mari viendrait à y consentir. A l'époque
du mariage de ma fille, cette rente lui eût été res-
tituée : c'était alors peu de chose, mais cela repré-
sentait ce que coûte, dans la meilleure pension possible, l'éducation d'une jeune fille. Je partis donc
pour Nohant avec le projet de tenter cet arrangement, qui ne devait avoir lieu que dans l'éventualité de ma mort, et pour entretenir, dans tous les
cas, mes amis du devoir que je leur léguais d'en-
tourer Maurice et Solange d'un réseau de sollicitudes
paternelles et de relations assidues.

Mais avant de raconter ce qui suivit, je ne veux

pas oublier une circonstance singulière qui eut lieu dans l'hiver de 1835.

J'avais en Berry une amie charmante, une nouvelle amie, il est vrai, madame Rozane B., femme d'un fonctionnaire établi à la Châtre depuis quelques années seulement. C'était une personne distinguée à tous égards, d'une beauté exquise et d'un caractère si parfaitement aimable, qu'elle fut bientôt parmi nous comme si elle y était née.

Étant appelée à Paris pour ses affaires au moment où j'y retournais (au mois de janvier, je crois), elle accepta une des deux chambrettes de ma mansarde, et y passa une quinzaine.

Elle me dit un jour, en recevant des lettres de sa famille, qui habitait Lyon : « On me charge vraiment d'une commission singulière. Une famille très-honorable prie la mienne de s'informer par moi de ce que fait à Paris et dans le monde un jeune homme que je ne connais pas et dont l'existence est mystérieuse, même pour les siens. Si je sais comment m'y prendre, je veux être pendue. J'ai son adresse, et voilà tout. »

Elle se résolut à le prier de venir la voir, afin de parler avec lui de sa famille et de le sonder sur ses projets et sur ses occupations. Je l'autorisai à le recevoir chez moi.

Après qu'elle eut reçu sa visite, elle me dit qu'elle n'était guère plus avancée et qu'elle l'avait engagé à revenir, afin de pouvoir me le présenter. Elle comptait sur moi pour le faire causer d'une manière plus explicite. Cette idée me fit beaucoup rire. S'il y a jamais eu sous le ciel une personne inhabile à en coufesser une autre, c'est moi à coup sûr; mais je ne pus refuser à Rozane ce qu'elle exigeait de moi : je reçus avec elle la visite du jeune homme mysté- rieux, et même elle nous laissa seuls ensemble quel- ques instants, espérant qu'il se méfierait moins de moi que d'elle-même.

Je ne me rappelle pas un mot de la conversation, qui ne roula que sur des idées générales, et même, sans le secours de Rozane, qui a retenu le fait avec précision, je ne me souviendrais pas beaucoup de la conclusion que j'en tirai; mais, grâce à elle, la voici textuellement, telle que je la lui donnai quand il fut parti : « Ce jeune homme est charmant. C'est un esprit très-remarquable, et sa conscience me pa- rait fort tranquille. S'il voyage, s'il court le monde, ce n'est pas comme aventurier subalterne, mais comme aventurier politique, comme conspirateur. Il s'est dévoué à la fortune de la famille Bonaparte. Il croit encore à cette étoile. Il croit à quelque chose en ce monde : il est bien heureux ! »

Or, je n'avais pas trop mal deviné. Ce jeune homme était M. Fialin de Persigny.

Je reprends le récit de mon voyage en Orient, lequel n'eut lieu que dans mes rêves.

J'étais à Nohant depuis quelques jours, quand Fleury, partant pour Bourges, où Planet était établi (il y rédigeait un journal d'opposition), me proposa d'aller causer sérieusement de ma situation et de mes projets, non-seulement avec ce fidèle ami, mais avec le célèbre avocat Michel, notre ami à tous.

Il est donc temps que je parle de cet homme si diversement apprécié et que je crois avoir bien connu, quoique ce ne fût pas chose aisée. C'est à cette époque que je commençai à subir une influence d'un genre tout à fait exceptionnel dans la vie ordinaire des femmes, influence qui me fut longtemps précieuse et qui pourtant cessa tout d'un coup et d'une manière complète, sans briser mon amitié.

CHAPITRE HUITIÈME

La première chose qui m'avait frappée en voyant
Michel pour la première fois, fraîche que j'étais
dans mes études phrénologiques, c'était la forme
extraordinaire de sa tête. Il semblait avoir deux
crânes soudés l'un à l'autre, les signes des hautes
facultés de l'âme étant aussi proéminents à la proue
de ce puissant navire que ceux des généreux instincts
l'étaient à la poupe. Intelligence, vénération, enthousiasme, subtilité et vastitude d'esprit étaient

équilibrés par l'amour familial, l'amitié, la tendre
domesticité, le courage physique. *Éverard* [1] était
une organisation admirable. Mais Éverard était malade, Éverard ne devait pas, ne pouvait pas vivre.
La poitrine, l'estomac, le foie, étaient envahis.
Malgré une vie sobre et austère, il était usé, et à
cette réunion de facultés et de qualités hors ligne,
dont chacune avait sa logique particulière, il manquait fatalement la logique générale, la cheville
ouvrière des plus savantes machines humaines, la
santé.

Ce fut précisément cette absence de vie physique
qui me toucha profondément. Il est impossible de
ne pas ressentir un tendre intérêt pour une belle
âme aux prises avec les causes d'une inévitable destruction, quand cette âme ardente et courageuse
domine à chaque instant son mal et paraît le dominer
toujours. Éverard n'avait que trente-sept ans, et
son premier aspect était celui d'un vieillard petit,
grêle, chauve et voûté; le temps n'était pas venu
où il voulut se rajeunir, porter une perruque, s'ha-
biller à la mode et aller dans le monde. Je ne l'ai
jamais vu ainsi : cette phase d'une transformation
qu'il dépouilla tout à coup, comme il l'avait revêtue,

---

[1] Je lui conserverai dans ce récit le pseudonyme que je
lui ai donné dans les *Lettres d'un voyageur*. J'ai toujours
aimé à baptiser mes amis d'un nom à ma guise, mais dont
je ne me rappelle pas toujours l'origine.

ne s'est pas accomplie sous mes yeux. Je ne le regrette pas ; j'aime mieux conserver son image sévère
et simple comme elle m'est toujours apparue.

Éverard paraissait donc, au premier coup d'œil,
avoir soixante ans, et il avait soixante ans en effet;
mais, en même temps, il n'en avait que quarante
quand on regardait mieux sa belle figure pâle, ses
dents magnifiques et ses yeux myopes d'une douceur
et d'une candeur admirables à travers ses vilaines
lunettes. Il offrait donc cette particularité de paraître
et d'être réellement jeune et vieux tout ensemble.

Cet état problématique devait être et fut la cause
de grands imprévus et de grandes contradictions
dans son être moral. Tel qu'il était, il ne ressemblait à rien et à personne. Mourant à toute heure,
la vie débordait cependant en lui à toute heure, et
parfois avec une intensité d'expansion fatigante
même pour l'esprit qu'il a le plus émerveillé et
charmé, je veux dire pour mon propre esprit.

Sa manière d'être extérieure répondait à ce contraste par un contraste non moins frappant. Né
paysan, il avait conservé le besoin d'aise et de soli-
dité dans ses vêtements. Il portait chez lui et dans
la ville une épaisse houppelande informe et de gros
sabots. Il avait froid en toute saison et partout,
mais, poli quand même, il ne consentait pas à garder sa casquette ou son chapeau dans les apparte-
ments. Il demandait seulement la permission de

mettre *un mouchoir,* et il tirait de sa poche trois ou quatre foulards qu'il nouait au hasard les uns sur les autres, qu'il faisait tomber en gesticulant, qu'il ramassait et remettait avec distraction, se coiffant ainsi, sans le savoir, de la manière tantôt la plus fantastique et tantôt la plus pittoresque.

Sous cet accoutrement on apercevait une chemise fine, toujours blanche et fraîche, qui trahissait la secrète exquisité de ce paysan du Danube. Certains démocrates de province blâmaient ce sybaritisme caché et ce soin extrême de la personne. Ils avaient grand tort. La propreté est un indice et une preuve de sociabilité et de déférence pour nos semblables, et il ne faut pas qu'on proscrive la propreté raffinée, car il n'y a pas de demi-propreté. L'abandon de soi-même, la mauvaise odeur, les dents répugnantes à voir, les cheveux sales, sont des habitudes malséantes qu'on aurait tort d'accorder aux savants, aux artistes ou aux patriotes. On devrait les en reprendre d'autant plus, et ils devraient se les permettre d'autant moins, que le charme de leur commerce ou l'excellence de leurs idées attire davantage, et qu'il n'est point de si belle parole qui ne perde de son prix quand elle sort d'une bouche qui vous donne des nausées. Enfin, je me persuade que la négligence du corps doit avoir dans celle de l'esprit quelque point de correspondance dont les observateurs devraient toujours se méfier.

Les manières brusques, le sans-gêne, la franchise acerbe d'Éverard, n'étaient qu'une apparence, et, avouons-le, une affectation devant les gens hostiles, ou qu'il supposait tels à première vue. Il était par nature la douceur, l'obligeance et la grâce mêmes : attentif au moindre désir, au moindre malaise de ceux qu'il aimait, tyrannique en paroles, débonnaire dans la tendresse quand on ne résistait pas à ses théories d'autorité absolue.

Cet amour de l'autorité n'était cependant pas joué. C'était le fond, c'était les entrailles mêmes de son caractère, et cela ne diminuait en rien ses bontés et ses condescendances paternelles. Il voulait des esclaves, mais pour les rendre heureux, ce qui eût été une belle et légitime volonté s'il n'eût eu affaire qu'à des êtres faibles. Mais il eût sans doute voulu travailler à les rendre forts, et dès lors ils eussent cessé d'être heureux en se sentant esclaves.

Ce raisonnement si simple n'entra jamais dans sa tête, tant il est vrai que les plus belles intelligences peuvent être troublées par quelque passion qui leur retire, sur certains points, la plus simple lumière.

Arrivée à l'auberge de Bourges, je commençai par dîner, après quoi j'envoyai dire à Éverard par Planet que j'étais là, et il accourut. Il venait de lire *Lélia,* et il était *toqué* de cet ouvrage. Je lui racontai tous mes ennuis, toutes mes tristesses, et le

consultai beaucoup moins sur mes affaires que sur
mes idées. Il était disposé à l'expansion, et de sept
heures du soir à quatre heures du matin, ce fut un
véritable éblouissement pour mes deux amis et pour
moi. Nous nous étions dit bonsoir à minuit; mais,
comme il faisait un brillant clair de lune et une
nuit de printemps magnifique, il nous proposa une
promenade dans cette belle ville austère et muette,
qui semble être faite pour être vue ainsi. Nous le
reconduisîmes jusqu'à sa porte; mais là il ne voulut
pas nous quitter et nous reconduisit jusqu'à la nôtre
en passant par l'hôtel de Jacques Cœur, un admirable édifice de la renaissance, où chaque fois nous
faisions une longue pause. Puis il nous demanda de
le reconduire encore, revint encore avec nous, et
ne se décida à nous laisser rentrer que quand le jour
parut. Nous fîmes neuf fois la course, et l'on sait
que rien n'est fatigant comme de marcher en causant et en s'arrêtant à chaque pas; mais nous ne
sentîmes l'effet de cette fatigue que quand il nous
eut quittés.

Que nous avait-il dit durant cette longue veillée?
Tout et rien. Il s'était laissé emporter par nos *dires*,
qui ne se plaçaient là que pour lui fournir la réplique, tant nous étions curieux d'abord et puis ensuite avides de l'écouter. Il avait monté d'idée en
idée jusqu'aux plus sublimes élans vers la Divinité,
et c'est quand il avait franchi tous ces espaces qu'il

était véritablement transfiguré. Jamais parole plus
éloquente n'est sortie, je crois, d'une bouche humaine, et cette parole grandiose était toujours simple. Du moins elle s'empressait de redevenir naturelle et familière quand elle s'arrachait souriante à
l'entraînement de l'enthousiasme. C'était comme
une musique pleine d'idées qui vous élève l'âme jusqu'aux contemplations célestes, et qui vous ramène
sans effort et sans contraste, par un lien logique
et une douce modulation, aux choses de la terre et
aux souffles de la nature.

Je n'essayerai pas de me rappeler ce dont il nous
entretint. Mes *Lettres à Éverard* (sixième numéro
des *Lettres d'un voyageur*), qui sont comme des réponses réfléchies à ces appels spontanés de sa pré-
dication, ne peuvent que le faire pressentir. J'étais
le sujet un peu passif de sa déclamation naïve et
passionnée. Planet et Fleury m'avaient citée devant
son tribunal pour que j'eusse à confesser mon scepticisme à l'endroit des choses de la terre, et cet orgueil qui voulait follement s'élever à l'adoration
d'une perfection abstraite en oubliant les pauvres
humains mes semblables. Comme c'était chez moi
une théorie plus sentie que raisonnée, je n'étais pas
bien solide dans ma défense, et je ne résistais guère
que pour me faire mieux endoctriner. Cependant
j'apercevais, dans cet admirable enseignement, de
profondes contradictions que j'eusse pu saisir au vol

et que j'eusse bien fait de constater davantage.
Mais il est doux et naturel de se laisser aller au
charme des choses de détail, quand elles sont bien
pensées et bien dites, et c'est être ennemi de soi-
même que d'en interrompre la déduction par des
chicanes. Je n'eus pas ce courage; mes amis ne l'eu-
rent pas non plus, quoique l'un, Planet, eût le parfait et solide bon sens qui peut tenir tête au génie;
quoique l'autre, Fleury, eût de secrètes méfiances
instinctives contre la poésie dans les arguments.

Tous trois nous fûmes vaincus, et quel que fût le
degré de conviction de l'homme qui nous avait parlé,
nous nous sentîmes, en le quittant, tellement au-
dessus de nous-mêmes, que nous ne pouvions et ne
devions pas nous soustraire par le doute à l'admiration et à la reconnaissance.

« Jamais je ne l'ai vu ainsi, nous dit Planet. Il
y a un an que je vis à ses côtés, et je ne le connais
que de ce soir. Il s'est enfin livré pour vous tout
entier; il a fait tous les frais de son intelligence et
de sa sensibilité. Ou il vient de se révéler à lui-
même pour la première fois de sa vie, ou il a vécu
parmi nous replié sur lui-même et se défendant d'un
complet abandon. »

De ce moment, l'attachement de Planet pour
Éverard devint une sorte de fétichisme, et il en
arriva de même à plusieurs autres qui avaient douté
jusque-là de son cœur et qui y crurent en le lui

voyant ouvrir devant moi. Ce fut une modification
notable que j'apportais, sans le savoir, à l'existence
morale d'Éverard et à ses relations avec quelques-
uns de ses amis. Ce fut une douceur réelle dans sa
vie, mais fut-ce un bien réel? Il n'est bon pour
personne d'être trop aveuglément aimé.

Après quelques heures de sommeil, je retrouvai
mon *Gaulois* (Fleury) singulièrement tourmenté.
Il avait fait un rêve effrayant, et je fus presque
effrayée moi-même en le lui entendant raconter ;
car, à peu de chose près, j'avais eu le même rêve.
C'était une parole dite en riant par Éverard qui
s'était logée, on ne sait jamais comment cela arrive,
dans un coin de notre cervelle, et précisément celle
qui nous avait le moins frappés dans le moment où
elle avait été dite.

Il n'y avait rien de plus naturel et de plus expli-
cable que ce fait d'une parole éveillant la même
pensée, et que la même cause produisant dans l'imagination de mon ami et dans la mienne les mêmes
effets. Pourtant cette coïncidence d'images simul-
tanées dans le cours des mêmes heures nous frappa
un instant tous les deux, et peu s'en fallut que nous
n'y vissions un pressentiment ou un avertissement
à la manière des croyances antiques.

Mais nous ne songeâmes bientôt qu'à rire de
notre préoccupation et surtout du mouvement naïf
que j'avais provoqué chez Éverard par ma résistance

enjouée aux arguments humanitaires de la guillo-
tine. Il ne pensait pas un mot de ce qu'il avait dit ;
il avait horreur de la peine de mort en matière politique ; il avait voulu être logique jusqu'à l'absurde,
mais il eût ri de son propre emportement, si, après
les mondes que la suite de la discussion nous avait
fait franchir à tous, nous eussions songé à revenir
sur cette *misère* de quelques têtes de plus ou de
moins en travers de nos opinions !

Nous étions dans le vrai en nous disant qu'Éverard n'eût pas voulu occire seulement une mouche
pour réaliser son utopie. Mais Fleury n'en resta pas
moins frappé de la tendance dictatoriale de son esprit,
qui ne lui était apparue pour la première fois qu'en
l'entendant contrecarrer par mes théories de liberté
individuelle.

Et puis, fut-ce l'effet du songe allégorique qui
nous avait visités tous deux, ou la sollicitude d'une
amitié délicate et la crainte de m'avoir jetée sous
une influence funeste, en voulant me pousser sous
une influence curative ? Il est certain que le Gaulois
se sentit tout à coup pressé de partir. Il m'en avait
fait la promesse en montant en voiture, et il avait
regretté cette promesse en arrivant à Bourges.
Maintenant il trouvait qu'on n'attelait pas assez
vite. Il craignait de voir arriver Éverard pour nous
retenir.

Éverard, de son côté, pensait nous retrouver là,

et fut étonné de notre fuite. Moi, sans me presser
avec inquiétude, mais bien résolue à m'en aller dès
le matin, je m'en allais en effet, causant de lui et
de la république sur la grande route, avec mon
Gaulois, et ne lui cachant pas que j'acceptais un
bel aperçu de cet idéal, mais que j'avais besoin d'y
réfléchir et de me reposer de ces torrents d'éloquence qu'il n'était pas dans ma nature de subir
trop longtemps sans respirer.

Mais il ne dépendit pas de moi de respirer, en
effet, l'air du matin et des pommiers en fleur. La
béatitude de mes rêveries n'était pas du goût de
mon compagnon de voyage. Il était organisé pour
le combat et non pour la contemplation. Il voulait
trouver sa certitude dans les luttes et dans les solutions successives de l'humanité. Il n'essayait pas de
me prêcher après Éverard, mais il voulait se prêcher lui-même, commenter chacune des paroles du
maître, accepter ou repousser ce qui lui avait paru
faux ou juste, et comme lui-même était un esprit
distingué et un cœur sincère, il ne me fut pas possible de ne pas parler d'Éverard, de politique et de
philosophie pendant dix-huit lieues.

Éverard ne me laissa pas respirer davantage. A
peine fus-je reposée de ma course, que je reçus à
mon réveil une lettre enflammée du même souffle
de prosélytisme qu'il semblait avoir épuisé dans
notre veillée ambulatoire à travers les grands édi-

fices blanchis par la lune et sur le pavé retentissant
de la vieille cité endormie. C'était une écriture indé-
chiffrable d'abord, et comme torturée par la fièvre
de l'impatience de s'exprimer; mais quand on avait
lu le premier mot, tout le reste allait de soi-même.
C'était un style aussi concis que sa parole était
abondante, et comme il m'écrivait de très-longues
lettres, elles étaient si pleines de choses non déve-
loppées, qu'il y en avait pour tout un jour à les
méditer après les avoir lues.

Ces lettres se succédèrent avec rapidité sans attendre les réponses. Cet ardent esprit avait résolu
de s'emparer du mien ; toutes ses facultés étaient
tendues vers ce but. La décision brusque et la délicate persuasion qui étaient les deux éléments de son
talent extraordinaire, s'aidaient l'une l'autre pour
franchir tous les obstacles de la méfiance par des
élans chaleureux et par des ménagements exquis.
Si bien que cette manière impérieuse et inusitée de
fouler aux pieds les habitudes de la convenance, de
se poser en dominateur de l'âme et en apôtre inspiré
d'une croyance, ne laissait aucune prise à la rail-
lerie, et ne tombait pas un seul instant dans le
ridicule, tant il y avait de modestie personnelle,
d'humilité religieuse et de respectueuse tendresse
dans ses cris de colère comme dans ses cris de
douleur.

« Je sais bien, » me disait-il — après des élans

de lyrisme où le tutoiement arrivait de bonne grâce, — « que le mal de ton intelligence vient de quelque » grande peine de cœur. L'amour est une passion » égoïste. Étends cet amour brûlant et dévoué, qui » ne recevra jamais sa récompense en ce monde, à » toute cette humanité qui déroge et qui souffre. » Pas tant de sollicitude pour une seule créature ! » Aucune ne le mérite, mais toutes ensemble l'exi- » gent au nom de l'éternel Auteur de la création ! »

Tel fut, en résumé, le thème qu'il développa dans cette série de lettres, auxquelles je répondis sous l'empire d'un sentiment modifié, depuis une certaine méfiance au point de départ jusqu'à la foi presque entière pour conclusion. On pourrait appeler ces *Lettres à Éverard*, qui, de ses mains, ont passé presque immédiatement dans celles du public, l'analyse rapide d'une conversion rapide.

Cette conversion fut absolue dans un sens et très-incomplète dans un autre sens. La suite de mon récit le fera comprendre.

Une grande agitation régnait alors en France. La monarchie et la république allaient jouer leur *va-tout* dans ce grand procès qu'on a nommé avec raison le procès monstre, bien que, par une suite brutale de dénis de justice et de violation de la légalité, le pouvoir ait su l'empêcher d'atteindre aux proportions et aux conséquences qu'il pouvait et devait avoir.

Il n'était plus guère possible de rester neutre dans ce vaste débat qui n'avait plus le caractère des conspirations et des coups de main, mais bien celui d'une protestation générale où tous les esprits s'éveillaient pour se jeter dans un camp ou dans l'autre. La cause de ce procès (les événements de Lyon) avait eu un caractère plus socialiste et un but plus généralement senti que ceux de Paris qui les avaient précédés. Ici il ne s'était agi, du moins en apparence, que de changer la forme du gouvernement. Là-bas le problème de l'organisation du travail avait été soulevé avec la question du salaire et pleinement compris. Le peuple, sollicité et un peu entraîné ailleurs par des chefs politiques, avait, à Lyon, entraîné ces mêmes chefs dans une lutte plus profonde et plus terrible.

Après les massacres de Lyon, la guerre civile ne pouvait plus de longtemps amener de solution favorable à la démocratie. Le pouvoir avait la force des canons et des baïonnettes. Le désespoir seul pouvait chercher désormais dans les combats le terme de la souffrance et de la misère. La conscience et la raison conseillaient d'autres luttes, celles du raisonnement et de la discussion. Le retentissement de la parole publique devait ébranler l'opinion publique. C'est sous l'opinion de la France entière que pouvait tomber ce pouvoir perfide, ce système de provocation inauguré par la politique de Louis-Philippe.

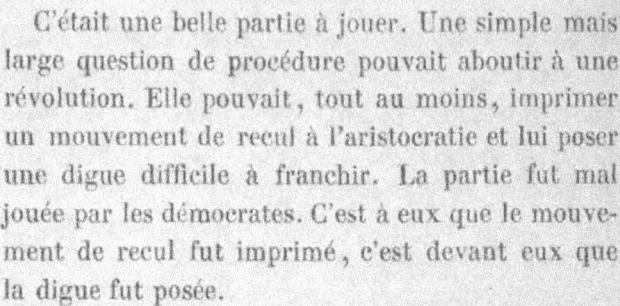

C'était une belle partie à jouer. Une simple mais large question de procédure pouvait aboutir à une révolution. Elle pouvait, tout au moins, imprimer un mouvement de recul à l'aristocratie et lui poser une digue difficile à franchir. La partie fut mal jouée par les démocrates. C'est à eux que le mouvement de recul fut imprimé, c'est devant eux que la digue fut posée.

Au premier abord, il semblait pourtant que cette réunion de talents appelés de tous les coins du pays et représentant tous les types de l'intelligence des provinces dût produire une résistance vigoureuse. C'était, dans les rêves du départ, la formation d'un corps d'élite, d'un petit bataillon sacré impossible à entamer, parce qu'il présentait une masse parfaitement homogène. Il s'agissait de parler et de protester, et presque tous les combattants de la démocratie appelés dans la lice étaient des orateurs brillants ou des argumentateurs habiles.

Mais on oubliait que les avocats les plus sérieux sont, avant tout, des artistes, et que les artistes n'existent qu'à la condition de s'entendre sur certaines règles de forme, et de différer essentiellement les uns des autres par le fond de la pensée, par l'illumination intérieure, par l'inspiration.

On se croyait bien d'accord au début sur la conclusion politique, mais chacun comptait sur ses

propres moyens ; on pliera difficilement des artistes
à la discipline, à la charge en douze temps.

Le moment commençait à poindre où les idées
purement politiques et les idées purement socialistes
devaient creuser des abîmes entre les partisans de
la démocratie. Cependant on s'entendait encore à
Paris contre l'ennemi commun. On s'entendait même
mieux sous ce rapport qu'on n'avait fait depuis
longtemps. La phalange des avocats de province
venait se ranger sur un pied d'égalité, mais avec
une tendre vénération, autour d'une pléiade de cé-
lébrités, choisie d'inspiration et d'enthousiasme
parmi les plus beaux noms démocratiques du barreau, de la politique et de la philosophie, de la
science et de l'art littéraire : Dupont, Marie, Gar-
nier-Pagès, Ledru-Rollin, Armand Carrel, Buonarotti, Voyer d'Argenson, Pierre Leroux, Jean Reynaud, Raspail, Carnot, et tant d'autres dont la vie
a été éclatante de dévouement ou de talent par la
suite. A côté de ces noms déjà illustres, un nom
encore obscur, celui de Barbès, donne à cette réunion
choisie un caractère non moins sacré pour l'histoire
que ceux de Lamennais, Jean Reynaud et Pierre
Leroux. Grand parmi les plus grands, Barbès a eu
l'éclat de la vertu, à défaut de celui de la science.

J'ai dit qu'on se croyait bien d'accord au point
de départ. Pour mon compte, je me crus d'accord
avec Éverard et je supposais ses amis d'accord avec

lui. Il n'en était rien. La plupart de ceux qu'il avait amenés de la province étaient tout au plus girondins, quoiqu'ils se crussent montagnards.

Mais Éverard n'avait encore confié à personne, et pas plus à moi qu'aux autres, sa doctrine ésotérique. Son expansion ne paralysait pas une grande prudence qui, en fait d'idées, allait quelquefois jusqu'à la ruse. Il se croyait en possession d'une certitude, et, sentant bien qu'elle dépassait la portée révolutionnaire de ses adeptes, il en insinuait tout doucement l'esprit et n'en révélait pas la lettre.

Pourtant certaines réticences, certaines contradictions m'avaient frappée, et je sentais en lui des lacunes, ou des choses réservées qui échappaient aux autres et qui me tourmentaient. J'en parlais à Planet, qui n'y voyait pas plus avant que moi et qui, naivement tourmenté aussi pour son compte, avait coutume de dire à tout propos, et même souvent à propos de bottes : « *Mes amis, il est temps de poser la question sociale !* »

Il disait cela si drôlement, ce bon Planet, que sa proposition était toujours accueillie par des rires, et que son mot était passé chez nous en proverbe. On disait : « Allons poser la question sociale » pour dire : « Allons dîner ! » et quand quelque bavard venait nous ennuyer, on proposait de lui poser la question sociale pour le mettre en fuite.

Planet cependant avait raison ; même dans ses

gaietés excentriques, son bon sens allait toujours
au fait.

Enfin, un soir que nous avions été au Théâtre-
Français, et que, par une nuit magnifique, nous
ramenions Éverard à sa demeure voisine de la mienne
(il s'était logé quai Voltaire), la question sociale
fut sérieusement posée. J'avais toujours admis ce
que l'on appelait alors l'égalité des biens, et même
le *partage des biens*, faute d'avoir adopté généralement le mot si simple d'association, qui n'est devenu
populaire que par la suite. Les mots propres des-
cendent toujours trop tard dans les masses. Il a
fallu que le socialisme fût accusé de vouloir le retour
de la loi agraire et de toutes ses conséquences brutales, pour qu'il trouvât des formules plus propres
à exprimer ses aspirations.

J'entendais, moi, ce partage des biens de la terre
d'une façon toute métaphorique; j'entendais réellement par là la participation au bonheur, due à tous
les hommes, et je ne pouvais pas m'imaginer un
dépècement de la propriété qui n'eût pu rendre les
hommes heureux qu'à la condition de les rendre
barbares. Quelle fut ma stupéfaction quand Éverard, serré de près par mes questions et les questions encore plus directes et plus pressantes de
Planet, nous exposa enfin son système!

Nous nous étions arrêtés sur le pont des Saints-
Pères. Il y avait bal ou concert au château, on

voyait le reflet des lumières sur les arbres du jardin
des Tuileries. On entendait le son des instruments
qui passait par bouffées dans l'air chargé de parfums
printaniers, et que couvrait, à chaque instant, le
roulement des voitures sur la place du Carrousel.
Le quai désert du bord de l'eau, le silence et l'immobilité qui régnaient sur le pont contrastaient avec
ces rumeurs confuses, avec cet invisible mouvement. J'étais tombée dans la rêverie, je n'écoutais
plus le dialogue entamé, je ne me souciais plus de
la question sociale, je jouissais de cette nuit charmante, de ces vagues mélodies, des doux reflets de
la lune mêlés à ceux de la fête royale.

Je fus tirée de ma contemplation par la voix de
Planet qui disait auprès de moi : « Ainsi, mon bon
ami, vous vous inspirez du vieux Buonarotti et
vous iriez jusqu'au babouvisme? — Quoi? qu'est-ce?
leur dis-je tout étonnée. Vous voulez faire revivre
cette vieillerie? Vous avez laissé chez moi l'ouvrage
de Buonarotti, je l'ai lu, c'est beau ; mais ces moyens
empiriques pouvaient entrer dans le cœur désespéré
des hommes de cette époque, au lendemain de la
chute de Robespierre. Aujourd'hui ils seraient in-
sensés, et ce n'est pas par ces chemins-là qu'une
époque civilisée peut vouloir marcher. — La civilisation! s'écria Éverard courroucé et frappant de
sa canne les balustrades sonores du pont; oui! voilà
le grand mot des artistes! La civilisation! Moi, je

vous dis que pour rajeunir et renouveler votre société corrompue, il faut que ce beau fleuve soit rouge de sang, que ce palais maudit soit réduit en cendres, et que cette vaste cité où plongent vos regards soit une grève nue, où la famille du pauvre promènera la charrue et dressera sa chaumière! »

Là-dessus, voilà mon avocat parti, et comme mon rire d'incrédulité échauffait sa verve, ce fut une déclamation horrible et magnifique contre la perversité des cours, la corruption des grandes villes, l'action dissolvante et énervante des arts, du luxe, de l'industrie, de la civilisation, en un mot. Ce fut un appel au poignard et à la torche, ce fut une malédiction sur l'impure Jérusalem et des prédictions apocalyptiques; puis, après ces funèbres images, il évoqua le monde de l'avenir comme il le rêvait en ce moment-là, l'idéal de la vie champêtre, les mœurs de l'âge d'or, le paradis terrestre floris- sant sur les ruines fumantes du vieux monde par la vertu de quelque fée.

Comme je l'écoutais sans le contredire, il s'arrêta pour m'interroger. L'horloge du château sonnait deux heures. « Il y a deux grandes heures que tu plaides la cause de la mort, lui dis-je, et j'ai cru entendre le vieux Dante au retour de l'enfer. Main- tenant je me délecte à ta symphonie pastorale; pourquoi l'interrompre sitôt?

— Ainsi, s'écria-t-il indigné, tu t'occupes à ad-

3.

mirer ma pauvre éloquence! Tu te complais dans
les phrases, dans les mots, dans les images! Tu
m'écoutes comme un poëme ou comme un orches-
tre, voilà tout! Tu n'es pas plus convaincue que
cela! »

A mon tour, je plaidai, mais sans aucun art,
la cause de la civilisation, la cause de l'art surtout;
et puis, poussée par ses dédains injustes, je voulus
plaider aussi celle de l'humanité, faire appel à l'intelligence de mon farouche pédagogue, à la douceur
de ses instincts, à la tendresse de son cœur, que je
connaissais déjà si aimant et si impressionnable.
Tout fut inutile. Il était monté sur ce *dada,* qui
était véritablement le cheval pâle de la vision. Il
était hors de lui : il descendit sur le quai en décla-
mant, il brisa sa canne sur les murs du vieux
Louvre, il poussa des exclamations tellement *sédi-
tieuses,* que je ne comprends pas comment il ne fut
ni remarqué, ni entendu, ni *ramassé* par la police.
Il n'y avait que lui au monde qui pût faire de
pareilles excentricités sans paraître fou et sans être
ridicule.

Pourtant j'en fus attristée, et, lui tournant le
dos, je le laissai plaider tout seul et repris avec
Planet le chemin de ma demeure.

Il nous rejoignit sur le pont. Il était à la fois
furieux et désolé de ne m'avoir pas persuadée. Il
me suivit jusqu'à ma porte, voulant m'empêcher

de rentrer, me suppliant de l'écouter encore, me
menaçant de ne jamais me revoir si je le quit-
tais ainsi. On eût dit d'une querelle d'amour, et
il ne s'agissait pourtant que de la doctrine de
Babeuf.

Il ne s'agissait que de cela! C'était quelque chose
pourtant! Maintenant que les idées ont dépassé
cette farouche doctrine, elle fait déjà sourire les
hommes avancés; mais elle a eu son temps dans le
monde, elle a soulevé la Bohême au nom de Jean
Hus, elle a dominé souvent l'idéal de Jean-Jacques
Rousseau, elle a bouleversé bien des imaginations
à travers les tempêtes de la révolution du dernier
siècle, et même encore à travers les agitations intellectuelles de 1848 elle s'est fondue en partie dans
l'esprit de certains clubs de cette époque avec les
théories de certaines dictatures. En un mot, elle a
fait secte, et comme dans toute doctrine de rénovation il y a de grandes lueurs de vérité et de
touchantes aspirations vers l'idéal, elle a mérité
l'examen, elle a exercé sa part de séduction en se
formulant au pied de l'échafaud où montèrent, déjà
frappés de leur propre main, l'enthousiaste Gracchus et le stoïque Darthé.

Emmanuel Arago plaidant pour Barbès en 1839
a dit : *Barbès est babouviste.* Il ne m'a pas semblé
depuis, en causant avec Barbès, qu'il eût jamais
été babouviste dans le sens où l'avait été Éverard

en 1835. On se trompe aisément quand, pour exposer la croyance d'un homme, on est obligé, pour
la résumer et la définir, de l'assimiler à celle d'un
homme qui l'a précédé. On ne peut pas être, quoi
qu'on fasse, dans l'exacte vérité. Toute doctrine se
transforme rapidement dans l'esprit des adeptes, et
d'autant plus que les adeptes sont ou deviennent
plus forts que le maitre.

Je ne veux pas analyser et critiquer ici la doctrine de Babeuf. Je ne veux la montrer que dans
ses résultats possibles, et comme Éverard, le plus
illogique des hommes de génie dans l'ensemble de
sa vie, était le plus implacable logicien de l'univers
dans chaque partie de sa science et dans chaque
phase de sa conviction, il n'est pas indifférent
d'avoir à constater qu'elle le jetait, à l'époque que
je raconte, dans des aberrations secrètes et dans un
rêve de destruction colossale.

J'avais passé le mois précédent à lire Éverard et
à lui écrire. Je l'avais revu dans cet intervalle, je
l'avais pressé de questions, et, pour mieux mettre
à profit le peu de temps que nous avions, je n'avais
plus rien discuté. J'avais tâché de construire en
moi l'édifice de sa croyance, afin de voir si je pouvais me l'assimiler avec fruit. Convertie au sentiment républicain et aux idées nouvelles, on sait
maintenant de reste que je l'étais d'avance. J'avais
gagné, à entendre cet homme véritablement inspiré

en certains moments, de ressentir de vives émotions que la politique ne m'avait jamais semblé
pouvoir me donner. J'avais toujours pensé froide-
ment aux choses de fait ; j'avais regardé couler autour de moi, comme un fleuve lourd et troublé, les
mille accidents de l'histoire générale contemporaine,
et j'avais dit : « *Je ne boirai pas cette eau.* » Il est
probable que j'eusse continué à ne pas vouloir mêler
ma vie intérieure à l'agitation de ces flots amers.
Sainte-Beuve, qui m'influençait encore un peu à
cette époque par ses adroites railleries et ses raison-
nables avertissements, regardait les choses positives
en amateur et en critique. La critique dans sa bouche avait de grandes séductions pour la partie la
plus raisonneuse et la plus tranquille de l'esprit. Il
raillait agréablement cette fusion subite qui s'opé-
rait entre les esprits les plus divers venus de tous
les points de l'horizon, et qui se mêlaient, disait-il,
comme tous les cercles du Dante écrasés subitement
en un seul.

Un dîner où Listz avait réuni M. Lamennais,
M. Ballanche, le chanteur Nourrit et moi, lui
paraissait la chose la plus fantastique qui se pût
imaginer. Il me demandait ce qui avait pu être dit
entre ces cinq personnes. Je lui répondais que je
n'en savais rien, que M. Lamennais avait dû causer
avec M. Ballanche, Listz avec Nourrit, et moi avec
le chat de la maison.

Et pourtant, relisons aujourd'hui cette admirable
page de Louis Blanc :

« Et comment peindre maintenant l'effet que
» produisaient sur les esprits tant de surprenantes
» complications? Le nom des accusés volait de bou-
» che en bouche ; on s'intéressait à leurs périls ; on
» glorifiait leur constance ; on se demandait avec
» anxiété jusqu'où ils pousseraient l'audace des réso-
» lutions prises. Dans les salons même où leurs
» doctrines n'étaient pas admises, leur intrépidité
» touchait le cœur des femmes ; prisonniers, ils gou-
» vernaient irrésistiblement l'opinion ; absents, ils
» vivaient dans toutes les pensées. Pourquoi s'en
» étonner? Ils avaient pour eux, chez une nation
» généreuse, toutes les sortes de puissance : le cou-
» rage, la défaite et le malheur. Époque orageuse
» et pourtant regrettable! Comme le sang bouil-
» lonnait alors dans nos veines! Comme nous nous
» sentions vivre! Comme elle était bien ce que Dieu
» l'a faite, cette nation française qui périra sans
» doute le jour où lui manqueront tout à fait les
» émotions élevées! Les politiques à courte vue
» s'alarment de l'ardeur des sociétés : ils ont rai-
» son ; il faut être fort pour diriger la force. Et
» voilà pourquoi les hommes d'État médiocres s'at-
» tachent à énerver un peuple. Ils le font à leur
» taille, parce qu'autrement ils ne le pourraient con-
» duire Ce n'est pas ainsi qu'agissent les hommes

» de génie. Ceux-là ne s'étudient point à éteindre
» les passions d'un grand peuple ; car ils ont à les
» féconder, et ils savent que l'engourdissement est
» la dernière maladie d'une société qui s'en va. »

Cette page me semble avoir été écrite pour moi,
tant elle résume ce qui se passait en moi et autour
de moi. J'étais, dans mon petit être, l'expression
de cette société qui s'en allait, et l'homme de génie
qui, au lieu de me montrer le repos et le bonheur
dans l'étouffement des préoccupations immédiates,
s'attachait à m'émouvoir pour me diriger, c'était
Éverard, expression lui-même du trouble généreux
des passions, des idées et des erreurs du moment.

Depuis quelques jours que nous nous étions re-
trouvés à Paris, lui et moi, toute ma vie avait déjà
changé de face. Je ne sais si l'agitation qui régnait
dans l'air que nous respirions tous aurait beaucoup
pénétré sans lui dans ma mansarde ; mais avec lui
elle y était entrée à flots. Il m'avait présenté son
ami intime, Girerd (de Nevers), et les autres défenseurs des accusés d'avril, choisis dans les provinces voisines de la nôtre. Un autre de ses amis,
Degeorges (d'Arras), qui devint aussi le mien, Planet,
Emmanuel Arago et deux ou trois autres amis com-
muns complétaient l'école. Dans la journée, je recevais mes autres amis. Peu d'entre eux connaissaient
Éverard ; tous ne partageaient pas ses idées ; mais
ces heures étaient encore agitées par la discussion

des choses du dehors, et il n'y avait guère moyen
de ne pas s'oublier soi-même absolument dans cet
accès de fièvre que les événements donnaient à tout
le monde.

Éverard venait me chercher à six heures pour
dîner dans un petit restaurant tranquille avec nos
habitués, en pique-nique. Nous nous promenions le
soir tous ensemble, quelquefois en bateau sur la
Seine, et quelquefois le long des boulevards jusque
vers la Bastille, écoutant les propos, examinant les
mouvements de la foule, agitée et préoccupée aussi,
mais pas autant qu'Éverard s'en était flatté en quittant la province.

Pour n'être pas remarquée comme femme seule
avec tous ces hommes, je reprenais quelquefois mes
habits de petit garçon, lesquels me permirent de
pénétrer inaperçue à la fameuse séance du 20 mai
au Luxembourg.

Dans ces promenades, Éverard marchait et parlait avec une animation fébrile, sans qu'il fût au
pouvoir d'aucun de nous de le calmer et de le forcer
à se ménager. En rentrant, il se trouvait mal, et
nous avons passé souvent une partie de la nuit,
Planet et moi, à l'aider à lutter contre une sorte
d'agonie effrayante. Il était alors assiégé de visions
lugubres ; courageux contre son mal, faible devant
les images qu'il éveillait en lui, il nous suppliait
de ne pas le laisser seul avec les spectres. Cela

m'effrayait un peu moi-même. Planet, habitué à le
voir ainsi, ne s'en inquiétait pas ; et quand il le
voyait s'assoupir, il allait le mettre au lit, revenait
causer avec moi dans la chambre voisine, bien bas
pour ne pas l'éveiller dans son premier sommeil, et
me ramenait chez moi quand il le sentait bien endormi. Au bout de trois ou quatre heures Éverard
s'éveillait plus actif, plus vivant, plus fougueux
chaque jour, plus imprévoyant surtout du mal qu'il
creusait en lui et dont, à chaque effort de la vie, il
croyait le retour impossible. Il courait aux réunions
ardentes où s'agitait la question de la défense des
accusés, et après des discussions passionnées, il revenait s'évanouir chez lui avant dîner, quand on
ne l'y apportait pas évanoui déjà dans la voiture.
Mais alors c'était l'affaire de quelques instants de
pâleur livide et de sourds gémissements. Il se ranimait comme par un miracle de la nature ou de la
volonté, il revenait parler et rire avec nous ; car,
au milieu de cette excitation et de cet affaissement
successifs, il se jetait dans la gaieté avec l'insouciance et la candeur d'un enfant.

Tant de contrastes m'émouvaient et m'arrachaient
à moi-même. Je m'attachais par le cœur à cette
nature qui ne ressemblait à rien, mais qui avait
pour les moindres soins, pour la moindre sollicitude,
des trésors de reconnaissance. Le charme de sa parole me retenait des heures entières, moi que la

parole fatigue extrêmement, et j'étais dominée aussi
par un vif désir de partager cette passion politique,
cette foi au salut général, ces vivifiantes espérances
d'une prochaine rénovation sociale, qui semblaient
devoir transformer en apôtres même les plus hum-
bles d'entre nous.

Mais j'avoue qu'après cette causerie du pont des
Saints-Pères, et cette déclamation antisociale et
antihumaine dont il m'avait régalée, je me sentis
tomber du ciel en terre, et que, haussant les épaules
à mon réveil, je repris ma résolution de m'en aller
chercher des fleurs et des papillons en Égypte ou en
Perse.

Sans trop réfléchir ni m'émouvoir, j'obéis à l'instinct qui me poussait vers la solitude, et j'allai
chercher mon passe-port pour l'étranger. En rentrant je trouvai chez moi Éverard qui m'attendait :
« Qu'est-ce qu'il y a? s'écria-t-il. Ce n'est pas la
figure sereine que je connais! — C'est une figure
de voyageur, lui répondis-je, et il y a que je m'en
vas décidément. Ne te fâche pas; tu n'es pas de ceux
avec qui on est poli par hypocrisie de convenance.
J'ai assez de vos républiques. Vous en avez tous une
qui n'est pas la mienne et qui n'est celle d'aucun
des autres. Vous ne ferez rien cette fois-ci. Je reviendrai vous applaudir et vous couronner dans un
meilleur temps, quand vous aurez usé vos utopies
et rassemblé des idées saines. »

L'explication fut orageuse. Il me reprocha ma légèreté d'esprit et ma sécheresse de cœur. Poussée à bout par ses reproches, je me résumai.

Quelle était cette folle volonté de dominer mes convictions et de m'imposer celles d'autrui? Pourquoi, comment, avait-il pu prendre à ce point au pied de la lettre l'hommage que mon intelligence avait rendu à la sienne en l'écoutant sans discussion et en l'admirant sans réserve? Cet hommage avait été complet et sincère, mais il n'avait pas pour conséquence possible l'abandon absolu des idées, des instincts et des facultés de mon être. Après tout, nous ne nous connaissions pas entièrement l'un l'autre, et nous n'étions peut-être pas destinés à nous comprendre, étant venus de si loin l'un vers l'autre pour discuter quelques articles de foi dont il croyait avoir la solution. Cette solution, il ne me l'avait pas donnée, il ne l'avait pas. Je ne pouvais pas lui en faire un reproche; mais lui, où prenait-il la fantaisie tyrannique de s'irriter de ma résistance à ses théories comme d'un tort envers lui-même?

« En m'entendant te parler comme un élève attentif aux leçons d'un maître, tu t'es cru mon père, lui dis-je; tu m'as appelé ton fils bien-aimé et ton Benjamin, tu as fait de la poésie, de l'éloquence biblique. Je t'ai écouté comme dans un rêve dont la grandeur et la pureté céleste charmeront toujours mes souvenirs. Mais on ne peut pas rêver

toujours. La vie réelle appelle des conclusions sans
lesquelles on chante comme une lyre, sans avancer
le règne de Dieu et le bonheur des hommes. Moi,
je place ce bonheur dans la sagesse plus que dans
l'action. Je ne veux rien, je ne demande rien dans
la vie, que le moyen de croire en Dieu et d'aimer
mes semblables. J'étais malade, j'étais misanthrope;
tu t'es fait fort de me guérir; tu m'as beaucoup
attendrie, j'en conviens. Tu as combattu rudement
mon mauvais orgueil, et tu m'as fait entrevoir un
idéal de fraternité qui a fondu la glace de mon
cœur. En cela, tu as été véritablement chrétien, et
tu m'as convertie par le sentiment. Tu m'as fait
pleurer de grosses larmes, comme au temps où je
devenais dévote par un attendrissement subit et
imprévu de ma rêverie. Je n'aurais pas retrouvé en
moi-même, après tant d'incertitudes et de fatigues
d'esprit, la source de ces larmes vivifiantes. Ton
éloquence et ta persuasion ont fait le miracle que
je te demandais; sois béni pour cela, et laisse-moi
partir sans regret. Laisse-moi aller réfléchir maintenant aux choses que vous cherchez ici, aux principes qui peuvent se formuler et s'appliquer aux
besoins de cœur et d'esprit de tous les hommes. Et
ne me dis pas que vous les avez trouvés, que tu les
tiens dans ta main; cela n'est pas. Vous ne tenez
rien, vous cherchez! Tu es meilleur que moi, mais
tu n'en sais pas plus que moi. »

Et comme il paraissait offensé de ma franchise, je lui dis encore :

« Tu es un véritable artiste. Tu ne vis que par le cœur et l'imagination. Ta magnifique parole est un don qui t'entraîne fatalement à la discussion. Ton esprit a besoin d'imposer à ceux qui t'écoutent avec ravissement des croyances que la raison n'a pas encore mûries. C'est là où la réalité me saisit et m'éloigne de toi. Je vois toute cette poésie du cœur, toutes ces aspirations de l'âme aboutir à des sophismes, et voilà justement ce que je ne voudrais pas entendre, ce que je suis fâchée d'avoir entendu. Écoute, mon pauvre père, nous sommes fous. Les gens du monde officiel, du monde positif, qui ne voient de nous que des excentricités de conduite et d'opinion, nous traitent de rêveurs. Ils ont raison, ne nous en fâchons pas. Acceptons ce dédain. Ils ne comprennent pas que nous vivions d'un désir et d'une espérance dont le but ne nous est pas personnel. Ces gens-là sont fous à leur manière ; ils sont complétement fous à nos yeux, eux qui poursuivent des biens et des plaisirs que nous ne voudrions pas toucher avec des pincettes. Tant que durera le monde, il y aura des fous occupés à regarder par terre sans se douter qu'il y a un ciel sur leurs têtes, et des fous qui, regardant trop le ciel, ne tiendront pas assez de compte de ceux qui ne voient qu'à leurs pieds. Il y a donc une sagesse

qui manque à tous les hommes, une sagesse qui
doit embrasser la vue de l'infini et celle du monde
fini où nous sommes. Ne la demandons pas aux
fous du positivisme, mais ne prétendons pas la leur
donner avant de l'avoir trouvée.

» Cette sagesse-là, c'est celle dont la politique ne
peut se passer. Autrement vous ferez des coups de
tête et des coups de main pour aboutir à des chimères ou à des catastrophes. Je sens qu'en te parlant ainsi au milieu de ta fièvre d'action, je ne peux
pas te convaincre; aussi je ne te parle que pour te
prouver mon droit de me retirer de cette mélée où
je ne peux porter aucune lumière, et où je ne peux
pas suivre la tienne, qui est encore enveloppée de
nuages impénétrables. »

Quand j'eus tout dit, Éverard, qui s'était calmé
à grand'peine pour tout entendre, reprit son énergie et sa conviction. Il me donna des raisons devant
lesquelles je me sentis vaincue, et dont voici le résumé :

« Nul ne peut trouver la lumière à lui tout seul.
La vérité ne se révèle plus aux penseurs retirés sur
la montagne. Elle ne se révèle même plus à des cé-
nacles détachés comme des cloîtres sur les divers
sommets de la pensée. Elle s'y élucubre, et rien de
plus. Pour trouver, à l'heure dite, la vérité applicable aux sociétés en travail, il faut se réunir, il
faut peser toutes les opinions, il faut se communi-

quer les uns aux autres, discuter et se consulter,
afin d'arriver, tant bien que mal, à une formule qui
ne peut jamais être la vérité absolue, Dieu seul la
possède, mais qui est la meilleure expression possible de l'aspiration des hommes à la vérité. Voilà
pourquoi j'ai la fièvre, voilà pourquoi je m'assimile
avec ardeur toutes les idées qui me frappent, voilà
pourquoi je parle jusqu'à m'épuiser, jusqu'à diva-
guer, parce que parler, c'est penser tout haut et
qu'en pensant ainsi tout haut je vas plus vite qu'en
pensant tout bas et tout seul. Vous autres qui m'é-
coutez, et toi tout le premier, qui écoutes plus
attentivement que personne, vous tenez trop de
compte des éclairs fugitifs qui traversent mon cerveau. Vous ne vous attachez pas assez à la nécessité
de me suivre comme on suit un guide dévoué et
aventureux sur un chemin dont il ne connait pas
lui-même tous les détours, mais dont sa vue per-
çante et son courage passionné ont su apercevoir le
but lointain. C'est à vous de m'avertir des obstacles,
à vous de me ramener dans le sentier quand l'imagination ou la curiosité m'emportent. Et cela fait,
si vous vous impatientez de mes écarts, si vous vous
lassez de suivre un pilote incertain de sa route,
cherchez-en un meilleur, mais ne le méprisez pas
pour n'avoir pas été un dieu, et ne le maudissez
pas pour vous avoir montré des rives nouvelles con-
duisant plus ou moins à celle où vous voulez aborder.

» Quant à toi, je te trouve exigeant et injuste,
écolier sans cervelle! Tu ne sais rien, tu l'avoues,
et tu ne voulais rien apprendre, tu l'as déclaré.
Puis, tout à coup, la fièvre de savoir s'étant empa-
rée de toi, tu as demandé du jour au lendemain la
science infuse, la vérité absolue. *Vite, vite, donnez
le secret de Dieu à monsieur George Sand, qui ne veut
pas attendre!*

» Eh bien, » — ajouta-t-il après un feu roulant
de ces plaisanteries sans aigreur qu'il aimait à saisir
comme des mouches qu'on attrape en courant, —
« moi je fais une découverte, c'est que les âmes ont
un sexe et que tu es une femme. Croirais-tu que je
n'y avais pas encore pensé? En lisant *Lélia* et tes
premières Lettres d'un voyageur, je t'ai toujours vu
sous l'aspect d'un jeune garçon, d'un poëte enfant
dont je faisais mon fils, moi dont la profonde douleur est de n'avoir pas d'enfants et qui élève ceux
du premier lit de ma femme avec une tendresse
mêlée de désespoir. Quand je t'ai vu réellement pour
la première fois, j'ai été étonné comme si l'on ne
m'avait pas dit que tu t'habilles d'une robe et que
tu t'appelles d'un nom de femme dans la vie réelle.
J'ai voulu garder mon rêve, t'appeler George tout
court, te tutoyer comme on se tutoie sous les ombrages virgiliens, et ne te regarder à la clarté de
notre petit soleil que le temps de savoir chaque jour
comment se porte ton moral. Et, en vérité, je ne

connais de toi que le son de ta voix, qui est sourd
et qui ne me rappelle pas la flûte mélodieuse d'une
voix de femme. Je t'ai donc toujours parlé comme
à un garçon qui a fait sa philosophie et qui a lu
l'histoire. A présent je vois bien, et tu me le rap-
pelles, que tu as l'ambition et l'exigence des esprits
incultes, des êtres de pur sentiment et de pure imagination, des femmes en un mot. Ton sentiment
est, je l'avoue, un impatient logicien qui veut que
la science philosophique réponde d'emblée à toutes
ses fibres et satisfasse toutes ses délicatesses; mais
la logique du sentiment pur n'est pas suffisante en
politique, et tu demandes un impossible accord parfait entre les nécessités de l'action et les élans de la
sensibilité. C'est là l'idéal, mais il est encore irréa-
lisable sur la terre, et tu en conclus qu'il faut se
croiser les bras en attendant qu'il arrive de lui-
même.

» Croise donc tes bras et va-t'en ! Certes, tu es
libre de fait; mais ta conscience ne le serait pas si
elle se connaissait bien elle-même. Je n'ai pas le
droit de te demander ton affection. J'ai voulu te
donner la mienne. Tant pis pour moi; tu ne me
l'avais pas demandée, tu n'en as pas besoin. Je ne
te parlerai donc pas de moi, mais de toi-même, et
de quelque chose de plus important que toi-même,
le devoir.

» Tu rêves une liberté de l'individu qui ne peut

4.

se concilier avec le devoir général. Tu as beaucoup
travaillé à conquérir cette liberté pour toi-même.
Tu l'as perdue dans l'abandon du cœur à des affections terrestres qui ne t'ont pas satisfait, et à présent tu te reprends toi-même dans une vie d'austérité que j'approuve et que j'aime, mais dont tu
étends à tort l'application à tous les actes de ta volonté et de ton intelligence. Tu te dis que ta personne t'appartient et qu'il en est ainsi de ton âme.
Eh bien ! voilà un sophisme pire que tous ceux que
tu me reproches et plus dangereux, puisque tu es
maître d'en faire la loi de ta propre vie, tandis que
les miens ne peuvent se réaliser sans des miracles.
Songe à ceci que, si tous les amants de la vérité
absolue disaient comme toi adieu à leur pays, à
leurs frères, à leur tâche, non-seulement la vérité
absolue, mais encore la vérité relative n'auraient
plus un seul adepte. Car la vérité ne monte pas en
croupe des fuyards et ne galope pas avec eux. Elle
n'est pas dans la solitude, rêveur que tu es! Elle
ne parle pas dans les plantes et dans les oiseaux,
ou c'est d'une voix si mystérieuse que les hommes
ne la comprennent pas. Le divin philosophe que tu
chéris le savait bien quand il disait à ses disciples :
« Là où vous serez seulement trois réunis en mon
nom, mon esprit sera avec vous. »

» C'est donc avec les autres qu'il faut chercher
et prier. Si peu que l'on trouve en s'unissant à

quelques autres, c'est quelque chose de réel, et ce qu'on croit trouver seul n'existe que pour soi seul, n'existe pas par conséquent. Va-t'en donc à la recherche, à la poursuite du néant; moi, je me consolerai de ton départ avec la certitude d'être, en dépit des erreurs d'autrui et des miennes propres, à la recherche et à la poursuite de quelque chose de bon et de vrai. »

Ayant tout dit, il sortit, un peu sans que j'y fisse attention, car j'étais absorbée par mes propres réflexions sur tout ce qu'il venait de dire, en des termes dont la plume ne peut donner qu'une sèche analyse.

Quand je voulus lui répondre, pensant qu'il était dans la pièce voisine, où il se retirait quelquefois pour faire, tout à coup brisé, une sieste de cinq minutes, je m'aperçus qu'il était parti tout à fait et qu'il m'avait enfermée. Je cherchai la clef partout, il l'avait mise dans sa poche, et j'avais donné congé pour le reste de la journée à la femme qui me servait et qui avait la seconde clef de l'appartement. J'attribuai ma captivité à une distraction d'Éverard, et je me remis à réfléchir tranquillement. Au bout de trois heures il revint me délivrer, et comme je lui signalais sa distraction : « Non pas, me dit-il en riant, je l'ai fait exprès. J'étais attendu à une réunion, et, voyant que je ne t'avais pas encore convaincu, je t'ai mis au secret, afin de te donner le temps de la réflexion. J'avais peur d'un coup de tête et de ne plus te retrouver à Paris ce soir. A présent que tu as réfléchi, voilà ta clef, la clef des champs! Dois-je te dire adieu et aller dîner sans toi!

» — Non, lui répondis-je, j'avais tort; je reste. Allons dîner et chercher quelque chose de mieux que Babeuf pour notre nourriture intellectuelle. »

J'ai rapporté cette longue conversation parce qu'elle raconte ma vie et celle de la vie d'un certain nombre de révolutionnaires à ce moment donné. Pendant cette phase du procès d'avril, le travail d'élucubration était partout dans nos rangs, parfois savant et profond, parfois naïf et sauvage. Quand on s'y reporte par le souvenir, on est étonné du progrès qu'ont fait les idées en si peu de temps, et moins effrayé par conséquent du progrès énorme qui reste à faire.

Le véritable foyer de cette élucubration sociale et philosophique était dans les prisons d'État. «Alors, » dit Louis Blanc, cet admirable historien de nos propres émotions, qu'on ne peut trop citer, « alors » on vit ces hommes sur qui pesait la menace d'un » arrêt terrible s'élever soudain au-dessus du péril » et de leurs passions pour se livrer à l'étude des » plus arides problèmes. Le comité de défense pa- » risien avait commencé par distribuer entre les » membres les plus capables du parti les principales

» branches de la science de gouverner, assignant
» à l'un la partie philosophique et religieuse, à
» l'autre la partie administrative, à celui-ci l'éco-
» nomie politique, à celui-là les arts. Ce fut pour
» tous le sujet des plus courageuses méditations,
» des recherches les plus passionnées. Mais tous,
» dans cette course intellectuelle, n'étaient pas des-
» tinés à suivre la même carrière. Des dissidences
» théoriques se manifestèrent, des discussions brû-
» lantes s'élevèrent. Par le corps, les captifs appar-
» tenaient au geôlier; mais d'un vol indomptable
» et libre, leur esprit parcourait le domaine sans
» limites de la pensée. Du fond de leurs cachots
» ils s'inquiétaient de l'avenir des peuples, ils s'en-
» tretenaient avec Dieu; et, placés sur la route
» de l'échafaud, ils s'exaltaient, ils s'enivraient
» d'espérance, comme s'ils eussent marché à la
» conquête du monde. Spectacle touchant et sin-
» gulier, dont il convient de conserver le souvenir
» à jamais !

    » Que des préoccupations sans grandeur se soient
» mêlées à ce mouvement, que l'émulation ait quel-
» quefois fait place à des rivalités frivoles ou hai-
» neuses, que des esprits trop faibles pour s'élever
» impunément se soient perdus dans le pays des
» rêves, on ne peut le nier; mais ces résultats trop
» inévitables des infirmités de la nature humaine
» ne suffisent pas pour enlever au fait général que

» nous venons de signaler ce qu'il présente de solen-
» nel et d'imposant [1] »

Si l'on veut juger le procès d'avril et tous les
faits qui s'y rattachent d'une manière juste, élevée
et vraiment philosophique, il faut relire tout ce
chapitre si court et si plein de l'*Histoire de dix ans.*
Les hommes et les choses y sont jugés non-seulement avec la connaissance exacte d'un passé que
l'historien n'a jamais le droit d'arranger et d'atté-
nuer, mais avec la haute équité d'un grand et généreux esprit qui fixe et précise la vérité morale,
c'est-à-dire la suprême vérité de l'histoire au milieu
des contradictions apparentes des événements et des
hommes qui les subissent.

Je ne raconterai pas ces événements. Cela serait
tout à fait inutile; ils sont enregistrés là d'une
manière si conforme à mon sentiment, à mon souvenir, à ma conscience et à ma propre expérience,
que je ne saurais y rien ajouter.

Acteur perdu et ignoré, mais vivant et palpitant
dans ce drame, je ne suis ici que le biographe d'un
homme qui y joua un rôle actif et, faut-il le dire?
problématique en apparence, parce que l'homme
était incertain, impressionnable et moins politique
qu'artiste.

On sait qu'un grand débat s'était élevé entre les

----

[1] *Histoire de dix ans*, volume IV.

défenseurs : débat ardent, insoluble sous la pression des actes précipités de la pairie. Une partie des accusés s'entendaient avec ses *défenseurs* pour n'être pas *défendue*. Il ne s'agissait pas de gagner le procès judiciaire et de se faire absoudre par le pouvoir ; il s'agissait de faire triompher la cause générale dans l'opinion en plaidant avec énergie le droit sacré du peuple devant le pouvoir de fait, le droit du plus fort. Une autre catégorie d'accusés, celle de Lyon, voulait être défendue, non pas pour proclamer sa non-participation au fait dont on l'accusait, mais pour apprendre à la France ce qui s'était passé à Lyon, de quelle façon l'autorité avait provoqué le peuple, de quelle façon elle avait traité les vaincus, de quelle façon les accusés eux-mêmes avaient fait ce qui était humainement possible pour prévenir la guerre civile et pour en ennoblir et en adoucir les cruels résultats. Il s'agissait de savoir si l'autorité avait eu le droit de prendre quelques provocations isolées, on disait même payées, pour une rébellion à réprimer, et pour ruer une armée sur une population sans défense. On avait des faits, on voulait les dire, et, selon moi, la véritable cause était là. On était assez fort pour plaider la cause du peuple trahi et mutilé, on ne l'était pas assez pour proclamer celle du genre humain affranchi.

J'étais donc dans les idées de M. Jules Favre, qui se trouvait posé dans les conciliabules en adver-

saire d'Éverard, et qui était un adversaire digne de
lui. Je ne connaissais pas Jules Favre, je ne l'avais
jamais vu, jamais entendu ; mais lorsque Éverard,
après avoir combattu ses arguments avec véhé-
mence, venait me les rapporter, je leur donnais
raison. Éverard sentait bien que ce n'était pas par
envie de le contredire et de l'irriter ; mais il en était
affligé, et devinant bien que je redoutais l'exposé
public de ses utopies, il s'écriait : « Ah ! maudits
soient le pont des Saints-Pères et la question
sociale ! »

CHAPITRE NEUVIÈME

Cependant il s'agissait surtout de soutenir le courage de certains accusés, en petit nombre heureu-
sement, qui menaçaient de faiblir. J'étais bien d'accord avec Éverard sur ce point, que, quel que fût
le résultat d'une division dans les motifs et les idées
des défenseurs, il fallait que la crainte et la lassitude ne parussent pas, même chez quelques accusés.
Il me fit rédiger la lettre, la fameuse lettre qui devait donner au procès monstre une nouvelle exten-
sion. C'était son but, à lui, de rendre inextricable
le système d'accusation. L'idée souriait par moments
à Armand Carrel ; en d'autres, elle alarmait sa prudence. Mais Éverard la poussa rapidement, et lui,

que l'on pouvait supposer parfois si méfiant du lendemain, c'est tout au plus s'il prit le temps de la
réflexion. Il trouva ma rédaction trop sentimentale
et la changea. « Il n'est pas question de soutenir la
» foi chancelante par des homélies, me dit-il ; les
» hommes ne donnent pas tant de part à l'idéal. C'est
» par l'indignation et la colère qu'on les ranime.
» Je veux attaquer violemment la pairie pour exal-
» ter les accusés ; je veux d'ailleurs mettre en cause
» tout le barreau républicain. » Je lui fis observer
que le barreau républicain signerait ma rédaction
et reculerait devant la sienne. « Il faudra bien que
tous signent, répondit-il, et s'ils ne le font pas, on
se passera d'eux. »

On se passa du grand nombre, en effet, et ce fut
une grande faute que de provoquer les défections.
Toutes n'étaient pas si coupables qu'elles le parurent
à Éverard. Certains hommes étaient venus là sans
vouloir une révolution de fait, espérant contribuer
seulement à une révolution dans les idées, ne rêvant
ni profit ni gloire, mais l'accomplissement d'un devoir dont toutes les conséquences ne leur avaient
pas été soumises. J'en connais plusieurs qu'il me
fut impossible de blâmer quand ils m'expliquèrent
leurs motifs d'abstention.

On sait quelles conséquences eut la lettre. Elle
fut fatale au parti, en ce qu'elle y mit le désordre ;
elle fut fatale à Everard, en ce sens qu'elle donna

lieu à un discours très-controversé dans les rangs de
son parti. Il avait, par un mouvement généreux,
assumé sur lui toute la responsabilité de cette pièce,
incriminée par la cour des pairs. Il l'eût fait quand
même Trélat ne lui eût pas donné l'exemple du sacrifice. Mais Trélat fit devant la cour un acte d'hos-
tilité héroïque, tandis qu'Éverard sema de contrastes
sa profession de foi devant ce même tribunal. Laissons parler Louis Blanc : « ..... Puis M. Michel
» (de Bourges) s'avance. On connaissait déjà l'en-
» traînement de sa parole, et tous attendaient, au
» milieu d'un solennel silence. Il commença d'une
» voix brève et profonde ; à demi courbé sur la ba-
» lustrade qui lui servait d'appui, tantôt il la faisait
» trembler sous la pression convulsive de ses mains ;
» tantôt, d'un mouvement impétueux, il en par-
» courait l'étendue, semblable à ce Caïus Gracchus
» dont il fallait qu'un joueur de flûte modérât, lors-
» qu'il parlait, l'éloquence trop emportée. M. Michel
» (de Bourges) cependant ne fut ni aussi hardi ni
» aussi terrible que M. Trélat. Il se défendit, ce
» que M. Trélat n'avait pas daigné faire, et les
» attaques qu'il dirigea contre la pairie ne furent
» pas tout à fait exemptes de ménagements. Tout
» en maintenant l'esprit de la lettre, il parut dis-
» posé à faire bon marché des formes, et il recon-
» nut qu'à en juger par ce qu'il voyait depuis trois
» jours, les pairs valaient mieux que leur institu-

» tion. Du reste, et pour ce qui concernait le fond
» même du procès, il fut inflexible. »

Je ne me permettrai de reprendre qu'un mot à
cette excellente appréciation. Selon moi, Éverard
ne se *défendit* pas, et je souffre encore en m'imaginant que, s'il fit bon marché des formes de sa provocation, ce fut peut-être sous l'impression de la
critique que je lui avais faite de ces mêmes formes.
Je trouvais, moi, et je me permettais de le lui dire,
que la principale maladresse de son parti était la
rudesse du langage et le ton acerbe des discussions.
On revenait trop au vocabulaire des temps les plus
aigris de la révolution ; on affectait de le faire, sans
songer qu'un choix d'expressions fort du cachet de
son temps paraît violent, par conséquent faible, à
quarante ans de distance. J'admirais l'originalité de
la parole d'Éverard, précisément parce qu'elle donnait une couleur, une physionomie nouvelle, à ces
choses du passé. Il sentait bien que là était sa
puissance, et il riait de tout son cœur des vieilles
formules et des déclamations banales. Mais, en
écrivant, il y retombait quelquefois sans en avoir
conscience, et quand je le lui faisais remarquer, il
en convenait modestement. Nous n'avions pourtant
pas été d'accord sur ce point en rédigeant la lettre.
Il avait défendu et maintenu sa version ; mais depuis, en l'entendant blâmer par d'autres, il s'en
était dégoûté, et l'artiste dominant, par bouffées,

l'homme de parti, il aurait voulu qu'une pièce destinée à faire tant de bruit fût un chef-d'œuvre de
goût et d'éloquence. Il est vrai que, s'il en eût été
ainsi, on ne l'eût pas incriminée et que son but
n'eût pas été atteint.

Comme il ne l'était pas davantage par la situation
isolée que lui faisaient les poursuites, il n'était plus
forcé rigoureusement de défendre chaque expression
de cette lettre. Du moment qu'elle n'était plus signée
par un parti tout entier, elle redevenait son œuvre
personnelle, et il crut peut-être de bon goût de n'y
pas tenir aveuglément.

Je n'ai pas entendu ce discours, je n'étais qu'à la
séance du 20 mai. Rien n'est plus fugitif qu'un discours; et la sténographie, qui en conserve les mots,
n'en conserve pas toujours l'esprit. Il faudrait pouvoir sténographier l'accent et photographier la physionomie de l'orateur pour bien comprendre toutes
les nuances de sa pensée à chaque crise de son
improvisation. Éverard ne préparait jamais rien en
politique; il s'inspirait du moment, et, sous le coup
de l'exaltation nerveuse qui dominait son talent en
même temps qu'elle l'entretenait, il n'était pas toujours maître de sa parole. Ce ne fut pas la seule fois
qu'on lui reprocha l'imprévu de sa pensée et qu'on
la jugea plus significative et plus concluante qu'elle
ne l'était dans son propre esprit.

Quoi qu'il en soit, ce discours, à la fin duquel il

fut ramené chez lui atteint d'une bronchite aiguë,
lui fit de nombreux détracteurs parmi ses coreligionnaires. Éverard avait blessé des croyances et
des amours-propres dans les discussions orageuses
au sein du parti. Il eut contre lui des rancunes
amères et même des sévérités impartiales. « Était-ce
donc la peine, disait-on, d'avoir combattu avec tant
d'âpreté l'opinion de ceux qui voulaient adopter le
système de la défense, pour arriver à se défendre
soi-même, tout seul, d'un acte dont l'intention était
collective ? »

Mais n'était-ce pas précisément parce que cette
cause n'avait plus de sens collectif qu'Éverard était
fatalement entraîné à en faire meilleur marché? N'y
avait-il pas quelque chose de naïf et de grand dans
la modestie qui lui faisait confesser n'avoir aucun
ressentiment, aucune haine personnelle? Et sa péro-
raison fut-elle timide, lorsqu'il s'écria : « Si l'amende
» m'atteint, je mettrai ma fortune à la disposition
» du fisc, heureux de consacrer encore à la défense
» des accusés ce que j'ai pu gagner dans l'exercice
» de ma profession. Quant à la prison, je me rap-
» pelle le mot de cet autre républicain qui sut mou-
» rir à Utique : *J'aime mieux être en prison que de
» siéger ici, à côté de toi, César!* »

L'arrêt qui condamnait Trélat à trois ans de prison et Michel à un mois seulement servit de texte
aux commentaires hostiles. Michel fut jaloux de la

prison de Trélat et non de l'honneur qui lui en
revenait. Il chérissait ce noble caractère, et le parallèle qui fut établi entre eux au désavantage de
l'un des deux ne diminua en rien la tendresse et la
vénération de celui-ci pour l'autre. « Trélat est un
saint, disait Éverard, et je ne le vaux pas. » Cela
était vrai; mais, pour le dire sincèrement en pareille
circonstance, il fallait encore être très-grand soi-
même.

Éverard fut assez gravement malade. La preuve
qu'il n'avait pas été aussi agréable à la pairie que
quelques adversaires le prétendaient, c'est que la
pairie procéda très-brutalement avec lui en le som-
mant de se faire écrouer mort ou vif. Je réclamai
pour lui, à son insu, auprès de M. Pasquier, qui
voulut bien faire envoyer le médecin délégué d'office
en ces sortes de constatations.

Ce médecin procéda à l'interrogatoire d'Éverard
d'une manière blessante, feignant de prendre la
maladie pour une feinte et le retard demandé par
moi pour un danger. Peu s'en fallut qu'Éverard ne
fît manquer l'objet de ma démarche, car, en voyant
arriver le médecin du pouvoir d'un air rogue, il
répondit brusquement qu'il n'était pas malade et
refusa de se laisser examiner. Pourtant j'obtins que
le pouls fût consulté, et la fièvre était si réelle et si
violente, que l'Esculape monarchique se radoucit
aussitôt, honteux peut-être d'une insulte toute gra-

tuite et assez inintelligente; car quel est le con-
damné à un mois de prison qui préférerait la fuite?
Je vis par ce petit fait comment on provoquait les
républicains, même dans les circonstances légères,
et je me fis une idée du système adopté dans les
prisons pour exciter ces colères et ces révoltes que
le pouvoir semblait avide de faire naître afin d'avoir
le plaisir de les châtier.

Dès qu'Éverard fut guéri, je partis pour Nohant
avec ma fille. Je ne sais plus pour quel motif la
peine prononcée contre Éverard ne devait plus être
subie qu'au mois de novembre suivant. Ce fut peut-
être dans l'intérêt de ses clients que ce délai lui fut
accordé.

Cette fois, mon séjour chez moi fut désagréable
et même difficile. Il fallut m'armer de beaucoup de
volonté pour ne pas aigrir la situation. Ma présence
était positivement gênante. Mes amis souffrirent
d'avoir à le constater, et ceux mêmes qui contri-
buaient à me gâter mon intérieur, mon frère et un
autre, sentirent que la position n'était pas tenable
pour moi. Ils songèrent donc à conseiller quelque
arrangement.

Je recevais trois mille francs de pension pour ma
fille et pour moi. C'était fort court, mon travail
étant encore peu lucratif et soumis d'ailleurs aux
éventualités humaines, ne fût-ce qu'à l'état de ma
santé. Pourtant c'était possible à la condition que,

passant chez moi six mois sur douze, je mettrais de
côté quinze cents francs par an pour payer l'éducation de l'enfant. Si l'on me fermait ma porte, ma
vie devenait précaire, et la conscience de mon mari
ne pouvait pas, ne devait pas être bien satisfaite.

Il le reconnaissait. Mon frère le pressait de me
donner six mille francs par an. Il lui en serait resté
à peu près dix en comptant son propre avoir. C'était
de quoi vivre à Nohant, et y vivre seul, puisque tel
était son désir. M. Dudevant s'était rendu à ce conseil ; il avait donc promis de doubler ma pension ;
mais quand il avait été question de le faire, il m'a-
vait déclaré être dans l'impossibilité de vivre à
Nohant avec ce qui lui restait. Il fallut entrer dans
quelques explications et me demander ma signature
pour sortir d'embarras financiers qu'il s'était créés.
Il avait mal employé une partie de son petit héritage, il ne l'avait plus. Il avait acheté des terres
qu'il ne pouvait payer; il était inquiet, chagrin.
Quand j'eus signé, les choses n'allèrent pas mieux,
selon lui. Il n'avait pas résolu le problème qu'il
m'avait donné à résoudre quelques années auparavant; ses dépenses excédaient nos revenus. La cave
seule en emportait une grosse part, et, pour le reste,
il était volé par des domestiques trop autorisés à le
faire. Je constatai plusieurs friponneries flagrantes,
croyant lui rendre service autant qu'à moi-même.
Il m'en sut mauvais gré. Comme Frédéric le Grand,

il voulait être servi par des pillards. Il me défendit
de me mêler de ses affaires, de critiquer sa gestion
et de commander à ses gens. Il me semblait que tout
cela était un peu à moi, puisqu'il disait n'avoir plus
rien à lui. Je me résignai à garder le silence et à
attendre qu'il ouvrit les yeux.

Cela ne tarda pas. Dans un jour de dégoût de
son entourage, il me dit que Nohant le ruinait,
qu'il y éprouvait des chagrins personnels, qu'il s'y
ennuyait au milieu de ses loisirs, et qu'il était prêt
à m'en laisser la jouissance et l'entretien. Il voulait
aller vivre à Paris ou dans le Midi avec le reste de
nos revenus, qu'il évaluait alors à sept mille francs.
J'acceptai. Il rédigea nos conventions, que je signai
sans discussion aucune; mais, dès le lendemain, il
m'en témoigna tant de regret et de déplaisir que je
partis pour Paris en lui laissant le traité déchiré et
en remettant mon sort à la providence des artistes,
au travail.

Ceci s'était passé au mois d'avril. Mon voyage à
Nohant en juin n'améliora pas la position. M. Dudevant persistait à quitter Nohant. Cette idée prenait plus de consistance quand j'y retournais; mais
comme elle était accompagnée de dépit, je m'en allai
encore sans rien exiger.

Éverard était retourné à Bourges. Je vécus à
Paris tout à fait cachée pendant quelque temps.
J'avais un roman à faire, et comme je mourais de

chand dans ma mansarde du quai Malaquais, je
trouvai moyen de m'installer dans un atelier de
travail assez singulier. L'appartement du rez-de-
chaussée était en réparation, et les réparations se
trouvaient suspendues, je ne sais plus pour quel
motif. Les vastes pièces de ce beau local étaient en-
combrées de pierres et de bois de travail; les portes
donnant sur le jardin avaient été enlevées, et le
jardin lui-même fermé, désert et abandonné, attendait une métamorphose. J'eus donc là une solitude
complète, de l'ombrage, de l'air et de la fraîcheur.
Je fis de l'établi d'un menuisier un bureau bien suffi-
sant pour mon petit attirail, et j'y passai les journées
les plus tranquilles que j'aie peut-être jamais pu saisir, car personne au monde ne me savait là, que le
portier, qui m'avait confié la clef, et ma femme de
chambre, qui m'y apportait mes lettres et mon dé-
jeuner. Je ne sortais de ma tanière que pour aller
voir mes enfants à leurs pensions respectives. J'avais
remis Solange chez les demoiselles Martin.

Je pense que tout le monde est, comme moi,
friand de ces rares et courts instants où les choses
extérieures daignent s'arranger de manière à nous
laisser un calme absolu relativement à elles. Le
moindre coin nous devient alors une prison volontaire, et, quel qu'il soit, il se pare à nos yeux de ce
je ne sais quoi de délicieux qui est comme le sentiment de la conquête et de la possession du temps,

du silence et de nous-mêmes. Tout m'appartenait
dans ces murs vides et dévastés, qui bientôt allaient
se couvrir de dorures et de soie, mais dont jamais
personne ne devait jouir à ma manière. Du moins
je me disais que les futurs occupants n'y retrouve-
raient peut-être jamais une heure du loisir assuré
et de la rêverie complète que j'y goûtais chaque
jour, du matin à la nuit. Tout était mien en ce lieu,
les tas de planches qui me servaient de siéges et
de lits de repos, les araignées diligentes qui éta-
blissaient leurs grandes toiles avec tant de science
et de prévision d'une corniche à l'autre; les souris
mystérieusement occupées à je ne sais quelles recherches actives et minutieuses dans les copeaux;
les merles du jardin qui, venus insolemment sur le
seuil, me regardaient, immobiles et méfiants tout à
coup, et terminaient leur chant insoucieux et mo-
queur sur une modulation bizarre, écourtée par la
crainte. J'y descendais quelquefois le soir, non plus
pour écrire, mais pour respirer et songer sur les
marches du perron. Le chardon et le bouillon blanc
avaient poussé dans les pierres disjointes; les moi-
neaux, réveillés par ma présence, frôlaient le feuil-
lage des buissons dans un silence agité, et les bruits
des voitures, les cris du dehors arrivant jusqu'à
moi, me faisaient sentir davantage le prix de ma
liberté et la douceur de mon repos.

Quand mon roman fut fini, je rouvris ma porte

à mon petit groupe d'amis. C'est à cette époque, je
crois, que je me liai avec Charles d'Aragon, un être
excellent et du plus noble caractère, puis avec
M. Artaud, un homme très-savant et parfaitement
aimable. Mes autres amis étaient républicains; et,
malgré l'agitation du moment, jamais aucune discussion politique ne troubla le bon accord et les
douces relations de la mansarde.

Un jour, une femme d'un grand cœur, qui m'était
chère, madame Julie Beaune, vint me voir. « On
s'agite beaucoup dans Paris, me dit-elle. On vient
de tirer sur Louis-Philippe. » C'était la machine
Fieschi. Je fus très-inquiète; Maurice était sorti
avec Charles d'Aragon, qui l'avait mené justement
voir passer le roi chez la comtesse de Montijo. Je
craignais qu'au retour ils ne se trouvassent dans
quelque bagarre. J'allais y courir, quand d'Aragon
me ramena mon collégien sain et sauf. Pendant que
j'interrogeais le premier sur l'événement, l'autre
me parlait d'une charmante petite fille avec laquelle
il prétendait avoir parlé politique. C'était la future
impératrice des Français. Ce mot d'enfant m'en rappelle un autre. Maurice, un an plus tard, m'écrivait : « Montpensier (le jeune prince était au collége
Henri IV) m'a invité à son bal, *malgré mes opinions
politiques*. Je m'y suis bien amusé. Il nous a tous fait
cracher avec lui sur la tête des gardes nationaux [1]. »

[1] En se livrant à ce divertissement, le petit prince et ses

5.

C'est dans le courant de cette année-là que je
m'approchai très-humblement de deux des plus
grandes intelligences de notre siècle, M. Lamennais
et M. Pierre Leroux. J'avais projeté de consacrer
un long chapitre de cet ouvrage à chacun de ces
hommes illustres; mais les bornes de l'ouvrage ne
peuvent être reculées à mon gré, et je ne voudrais
pas écourter deux sujets aussi vastes que ceux de
leur philosophie dans l'histoire et de leur mission
dans le monde des idées. Cet ouvrage-ci est la pré-
face étendue et complète d'un livre qui paraîtra plus
tard, et où, n'ayant plus à raconter ma propre
histoire dans son développement minutieux et lent,
je pourrai aborder des individualités plus importantes et plus intéressantes que la mienne propre.

Je me bornerai donc à esquisser quelques traits
des imposantes figures que j'ai rencontrées dans la
période de mon existence contenue dans ce livre et
à dire l'impression qu'elles firent sur moi.

J'allais alors cherchant la vérité religieuse et la
vérité sociale dans une seule et même vérité. Grâce
à Éverard, j'avais compris que ces deux vérités sont
indivisibles et doivent se compléter l'une par l'autre;
mais je ne voyais encore qu'un épais brouillard fai-
blement doré par la lumière qu'il voilait à mes
yeux. Un jour, au milieu des péripéties du procès

jeunes invités étaient sur une galerie au-dessous de laquelle
passaient les bonnets à poil.

monstre, Listz, qui était reçu avec bonté par M. Lamennais, le fit consentir à monter jusqu'à mon gre-
nier de poëte. L'enfant israélite Puzzi, élève de
Listz, musicien ensuite sous son vrai nom d'Herman,
aujourd'hui carme déchaussé sous le nom de frère
Augustin, les accompagnait.

M. Lamennais, petit, maigre et souffreteux, n'a-
vait qu'un faible souffle de vie dans la poitrine.
Mais quel rayon dans sa tête! Son nez était trop
proéminent pour sa petite taille et pour sa figure
étroite. Sans ce nez disproportionné, son visage eût
été beau. L'œil clair lançait des flammes; le front
droit et sillonné de grands plis verticaux, indices
d'ardeur dans la volonté, la bouche souriante et le
masque mobile sous une apparence de contraction
austère, c'était une tête fortement caractérisée pour
la vie de renoncement, de contemplation et de pré-
dication.

Toute sa personne, ses manières simples, ses
mouvements brusques, ses attitudes gauches, sa
gaieté franche, ses obstinations emportées, ses soudaines bonhomies, tout en lui, jusqu'à ses gros
habits propres, mais pauvres, et à ses bas bleus,
sentait le cloarek breton.

Il ne fallait pas longtemps pour être saisi de respect et d'affection pour cette âme courageuse et
candide. Il se révélait tout de suite et tout entier,
brillant comme l'or et simple comme la nature.

En ces premiers jours où je le vis, il arrivait à
Paris, et, malgré tant de vicissitudes passées, malgré
plus d'un demi-siècle de douleurs, il redébutait dans
le monde politique avec toutes les illusions d'un enfant sur l'avenir de la France. Après une vie d'étude,
de polémique et de discussion, il allait quitter définitivement sa Bretagne pour mourir sur la brèche,
dans le tumulte des événements, et il commençait
sa campagne de glorieuse misère par l'acceptation
du titre de défenseur des accusés d'avril.

C'était beau et brave. Il était plein de foi, et il
disait sa foi avec netteté, avec clarté, avec chaleur;
sa parole était belle, sa déduction vive, ses images
rayonnantes, et chaque fois qu'il se reposait dans
un des horizons qu'il a successivement parcourus,
il y était tout entier, passé, présent et avenir, tête
et cœur, corps et biens, avec une candeur et une
bravoure admirables. Il se résumait alors dans l'intimité avec un éclat que tempérait un grand fonds
d'enjouement naturel. Ceux qui, l'ayant rencontré
perdu dans ses rêveries, n'ont vu de lui que son
œil vert, quelquefois hagard, et son grand nez acéré
comme un glaive, ont eu peur de lui et ont déclaré
son aspect diabolique. S'ils l'avaient regardé trois
minutes, s'ils avaient échangé avec lui trois paroles,
ils eussent compris qu'il fallait chérir cette bonté
tout en frissonnant devant cette puissance, et qu'en
lui tout était versé à grandes doses, la colère et la

douceur, la douleur et la gaieté, l'indignation et la
mansuétude.

On l'a dit, et on l'a très-bien dit [1] et compris,
lorsqu'au lendemain de sa mort les esprits droits
et justes ont embrassé d'un coup d'œil cette illustre
carrière de travaux et de souffrances; la postérité
le dira à jamais, et ce sera une gloire de l'avoir reconnu et proclamé sur la tombe encore tiède de
Lamennais : ce grand penseur a été, sinon parfaitement, du moins admirablement logique avec lui-
même dans toutes ses phases de développement. Ce
que, dans des heures de surprise, d'autres critiques,
sérieux d'ailleurs, mais placés momentanément à

[1] Ce grand homme si méconnu, si calomnié durant sa vie,
insulté jusque sur son lit de mort par les pamphlétaires,
conduit à la fosse commune sous l'œil des sergents de ville,
comme si les larmes du peuple eussent menacé de réveiller
son cadavre, ce prêtre du vrai Dieu, crucifié pendant soixante
ans, a été cependant enseveli avec honneur et vénération par
les écrivains de la presse sérieuse. Quand j'aurai, moi, l'honneur de lui apporter un tribut plus complet que celui de ces
quelques pages, je ne dirai certes pas mieux qu'il n'a été dit
par M. Paulin Limayrac, et avant lui, quelque temps avant
la mort du maître, par Alexandre Dumas. Ce chapitre des
mémoires de l'auteur d'*Antony* est à la fois excellent et magnifique; il prouve que le génie peut toucher à tout, et que
le romancier fécond, le poëte dramatique et lyrique, le critique enjoué, l'artiste plein de fantaisie et d'imprévu, tous
les hommes qui sont contenus dans Alexandre Dumas n'ont
pas empêché l'écrivain philosophique de se développer en lui
et de faire sa preuve, à l'occasion, avec une égale puissance.

un point de vue trop étroit, ont appelé les évolutions du génie n'a été chez lui que le progrès divin d'une intelligence éclose dans les liens des croyances du passé et condamnée par la Providence à les élargir et à les briser, à travers mille angoisses, sous la pression d'une logique plus puissante que celle des écoles, la logique du sentiment.

Voilà ce qui me frappa et me pénétra surtout quand je l'eus entendu se résumer en un quart d'heure de naïve et sublime causerie. C'est en vain que Sainte-Beuve avait essayé de me mettre en garde, dans ses charmantes lettres et dans ses spirituels entretiens, contre l'inconséquence de l'auteur de l'*Essai sur l'indifférence*. Sainte-Beuve n'avait pas alors dans l'esprit apparemment la synthèse de son siècle. Il en avait pourtant suivi la marche, et il avait admiré le vol de Lamennais jusqu'aux protestations de l'*Avenir*. En le voyant mettre le pied dans la politique d'action, il fut choqué de voir ce nom auguste mêlé à tant de noms qui semblaient protester contre sa foi et ses doctrines.

Sainte-Beuve démontrait et accusait le côté contradictoire de cette marche avec son talent ordinaire; mais, pour sentir que cette critique-là ne portait que sur des apparences, il suffirait de regarder en face, des yeux de l'âme, et d'écouter avec le cœur l'ermite de la Chenaie. On sentait spontanément tout ce qu'il y avait de spontané dans cette

âme sincère, dans ce cœur épris de justice et de
vérité jusqu'à la passion. Mélange de dogmatisme
absolu et de sensibilité impétueuse, M. Lamennais
ne sortait jamais d'un monde exploré, par la porte
de l'orgueil, du caprice ou de la curiosité. Non ! Il
en était chassé par un élan suprême de tendresse
froissée, de pitié ardente, de charité indignée. Son
cœur disait alors probablement à sa raison : Tu as
cru être là dans le vrai. Tu avais découvert ce sanctuaire, tu croyais y rester toujours. Tu ne pressen-
tais rien au delà, tu avais fait ton siége, tiré les
rideaux et fermé la porte. Tu étais sincère, et pour
te fortifier dans ce que tu croyais bon et définitif,
comme dans une citadelle, tu avais entassé sur ton
seuil tous les arguments de ta science et de ta dia-
lectique. — Eh bien, tu t'étais trompée ! car voilà
que des serpents habitaient avec toi, à ton insu. Ils
s'étaient glissés, froids et muets, sous ton autel, et
voilà que, réchauffés, ils sifflent et relèvent la tête.
Fuyons, ce lieu est maudit et la vérité y serait pro-
fanée. Emportons nos lares, nos travaux, nos dé-
couvertes, nos croyances ; mais allons plus loin,
montons plus haut, suivons ces esprits qui s'élèvent
en brisant leurs fers ; suivons-les pour leur bâtir un
autel nouveau, pour leur conserver un idéal divin,
tout en les aidant à se débarrasser des liens qu'ils
traînent après eux et à se guérir du venin qui les a
souillés dans les horreurs de cette prison. »

Et ils s'en allaient de compagnie, ce grand cœur
et cette généreuse raison qui se cédaient toujours
l'un à l'autre. Ils construisaient ensemble une nouvelle église, belle, savante, étayée selon toutes les
règles de la philosophie. Et c'était merveille de voir
comment l'architecte inspiré faisait plier la lettre de
ses anciennes croyances à l'esprit de sa nouvelle
révélation. Qu'y avait-il de changé? Rien, selon lui.
Je lui ai entendu dire naïvement à diverses époques
de sa vie : « Je défie qui que ce soit de me prouver
que je ne suis pas catholique aussi orthodoxe aujourd'hui que je l'étais en écrivant l'*Essai sur l'indifférence.* » Et il avait raison pour son compte.
Au temps où il avait écrit ce livre, il n'avait pas
vu le *pape debout à côté du czar bénissant les vic-
times.* S'il l'eût vu, il eût protesté contre l'impuissance du pape, contre l'indifférence de l'Église en
matière de religion. Qu'y avait-il de changé dans
les entrailles et dans la conscience du croyant?
Rien, en vérité. Il n'abandonnait jamais ses principes, mais les conséquences fatales ou forcées de
ces principes.

Maintenant, dirons-nous qu'il y avait en lui une
réelle inconséquence dans ses relations de tous les
jours, dans ses engouements, dans sa crédulité,
dans ses soudaines méfiances, dans ses retours imprévus? Non, bien que nous ayons quelquefois souffert de sa facilité à subir l'influence passagère de

certaines personnes qui exploitaient son affection
au profit de leur vanité ou de leurs rancunes, nous
ne dirons pas que ces inconséquences furent réelles.
Elles ne partaient pas des entrailles de son sentiment. Elles étaient à la surface de son caractère,
au degré du thermomètre de sa frêle santé. Nerveux
et irascible, il se fâchait souvent avant d'avoir réfléchi, et son unique défaut était de croire avec
précipitation à des torts qu'il ne prenait pas le
temps de se faire prouver. Mais j'avoue que, pour
ma part, bien qu'il m'en ait gratuitement attribué
quelques-uns, il ne m'a jamais été possible de ressentir la moindre irritation contre lui. Faut-il tout
dire! J'avais comme une faiblesse maternelle pour
ce vieillard que je reconnaissais en même temps
pour un des pères de mon église, pour une des vé-
nérations de mon âme. Par le génie et la vertu qui
rayonnaient en lui, il était dans mon ciel, sur ma tête.
Par les infirmités de son tempérament débile, par
ses dépits, ses bouderies, ses susceptibilités, il était
à mes yeux comme un enfant généreux, mais enfant à qui l'on doit dire de temps en temps : « Prenez garde, vous allez être injuste. Ouvrez donc
les yeux ! »

Et quand j'applique à un tel homme ce mot d'enfant, ce n'est pas du haut de ma pauvre raison que
je le prononce, c'est du fond de mon cœur attendri,
fidèle et plein d'amitié pour lui au delà de la tombe.

Qu'y a-t-il de plus touchant, en effet, que de voir
un homme de ce génie, de cette vertu et de cette
science ne pouvoir pas entrer dans la maturité du
caractère, grâce à une modestie incomparable?
N'êtes-vous pas ému quand vous voyez le lion de
l'Atlas dominé et persuadé par le petit chien compagnon de sa captivité? Lamennais semblait ignorer sa force, et je crois qu'il ne se faisait aucune
idée de ce qu'il était pour ses contemporains et pour
la postérité. Autant il avait la notion de son devoir,
de sa mission, de son idéal, autant il s'abusait sur
l'importance de sa vie intérieure et individuelle. Il
la croyait nulle et allait la livrant au hasard des
influences et des personnes du moment. Le moindre
cuistre eût pu l'émouvoir, l'irriter, le troubler et,
au besoin, lui persuader d'agir ou de s'abstenir
dans la sphère de ses goûts les plus purs et de ses
habitudes les plus modestes. Il daignait répondre à
tous, consulter les derniers de tous, discuter avec
eux, et parfois les écouter avec la naïve admiration
d'un écolier devant un maître.

Il résulta de cette touchante faiblesse, de cette
humilité extrême, quelques malentendus dont souffrirent ses vrais amis. Quant à moi, ce n'est pas à
ma personnalité que la grande individualité de Lamennais s'est jamais heurtée, c'est à mes tendances
socialistes. Après m'avoir poussée en avant, il a
trouvé que je marchais trop vite. Moi, je trouvais

qu'il marchait parfois trop lentement à mon gré.
Nous avions raison tous les deux à notre point de
vue : moi, dans mon petit nuage, comme lui dans
son grand soleil, car nous étions égaux, j'ose le
dire, en candeur et en bonne volonté. Sur ce ter-
rain-là, Dieu admet tous les hommes à la même
communion.

Je ferai ailleurs l'histoire de mes petites dissidences avec lui, non plus pour me raconter, mais
pour le montrer, lui, sous un des aspects de sa rudesse apostolique, soudainement tempérée par sa
suprême équité et sa bonté charmante. Il me suffira
de dire, quant à présent, qu'il daigna d'abord, en
quelques entretiens très-courts, mais très-pleins,
m'ouvrir une méthode de philosophie religieuse qui
me fit une grande impression et un grand bien, en
même temps que ses admirables écrits rendirent à
mon espérance la flamme prête à s'éteindre.

Je parlerai de M. Pierre Leroux avec la même
concision pour le moment et pour le même motif,
c'est-à-dire que, pour n'en pas parler à demi, j'en
parlerai très-peu ici, et seulement par rapport à moi
dans le temps que je raconte.

C'était quelques semaines avant ou après le procès d'avril. Planet était à Paris, et, toujours préoc-
cupé de la question sociale, au milieu des rires que
son mot favori soulevait autour de lui, il me prenait à part et me demandait, dans le sérieux de son

esprit et dans la sincérité de son âme, de lui *résoudre cette question*. Il voulait juger l'époque, les événements, les hommes, Éverard lui-même, son maître chéri ; il voulait juger sa propre action, ses
propres instincts, savoir, en un mot, *où il allait*.

Un jour que nous avions causé longtemps ensemble, moi lui demandant précisément ce qu'il me
demandait, et tous deux reconnaissant que nous ne
saisissions pas bien le lien de la révolution faite
avec celle que nous voudrions faire, il me vint une
idée lumineuse. « J'ai ouï dire à Sainte-Beuve, lui
dis-je, qu'il y avait deux hommes dont l'intelligence supérieure avait creusé et éclairé particulièrement ce problème dans une tendance qui répondait
à mes aspirations et qui calmerait mes doutes et
mes inquiétudes. Ils se trouvent, par la force des
choses et par la loi du temps, plus avancés que
M. Lamennais, parce qu'ils n'ont pas été retardés
comme lui par les empêchements du catholicisme.
Ils sont d'accord sur les points essentiels de leur
croyance, et ils ont autour d'eux une école de sympathies qui les entretient dans l'ardeur de leurs travaux. Ces deux hommes sont Pierre Leroux et Jean
Reynaud. Quand Sainte-Beuve me voyait tourmen-
tée des désespérances de *Lélia*, il me disait de chercher vers eux la lumière, et il m'a proposé de m'a-
mener ces savants médecins de l'intelligence. Mais,
moi, je n'ai pas voulu, parce que je n'ai pas osé : je

suis trop ignorante pour les comprendre, trop bornée pour les juger, et trop timide pour leur exposer
mes doutes intérieurs. Cependant il se trouve que
Pierre Leroux est timide aussi, je l'ai vu, et j'oserais
davantage avec celui-là; mais comment l'aborder,
comment le retenir quelques heures? Ne va-t-il pas
nous rire au nez comme les autres, si nous lui *po-
sons la question sociale?*

— Moi, je m'en charge, dit Planet, j'oserai fort
bien, et si je le fais rire, peu m'importe, pourvu
qu'il m'instruise. Écrivez-lui et demandez-lui pour
moi, pour un meunier de vos amis, pour un bon
paysan, le catéchisme du républicain en deux ou
trois heures de conversation. J'espère que moi je
ne m'intimiderai pas, et vous aurez l'air d'écouter
par-dessus le marché. »

J'écrivis dans ce sens, et Pierre Leroux vint dîner
avec nous deux dans la mansarde. Il fut d'abord
fort gêné; il était trop fin pour n'avoir pas deviné le
piége innocent que je lui avais tendu, et il balbutia
quelque temps avant de s'exprimer. Il n'est pas plus
modeste que M. Lamennais, il est timide; M. Lamennais ne l'était pas. Mais la bonhomie de Planet,
ses questions sans détour, son attention à écouter
et sa facilité à comprendre le mirent à l'aise, et
quand il eut un peu tourné autour de la question,
comme il fait souvent quand il parle, il arriva à
cette grande clarté, à ces vifs aperçus et à cette vé-

ritable éloquence qui jaillissent de lui comme de grands éclairs d'un nuage imposant. Nulle instruction n'est plus précieuse que la sienne quand on ne le tourmente pas trop pour formuler ce qu'il ne croit pas avoir suffisamment dégagé pour lui-même. Il a la figure belle et douce, l'œil pénétrant et pur, le sourire affectueux, la voix sympathique et ce langage de l'accent et de la physionomie, cet ensemble de chasteté et de bonté vraies qui s'emparent de la persuasion autant que la force des raisonnements. Il était dès lors le plus grand critique possible dans la philosophie de l'histoire, et s'il ne vous faisait pas bien nettement entrevoir le but de sa philosophie personnelle, du moins il faisait apparaître le passé dans une si vive lumière, et il en promenait une si belle sur tous les chemins de l'avenir, qu'on se sentait arracher le bandeau des yeux comme avec la main.

Je ne sentis pas ma tête bien lucide quand il nous parla de la *propriété des instruments de travail,* question qu'il roulait dans son esprit à l'état de problème, et qu'il a éclaircie depuis dans ses écrits. La langue philosophique avait trop d'arcanes pour moi, et je ne saisissais pas l'étendue des questions que les mots peuvent embrasser ; mais la logique de la Providence m'apparut dans ses discours, et c'était déjà beaucoup : c'était une assise jetée dans le champ de mes réflexions. Je me promis d'étudier

l'histoire des hommes, mais je ne le fis pas, et ce
ne fut que plus tard que, grâce à ce grand et noble
esprit, je pus saisir enfin quelques certitudes.

A cette première rencontre avec lui, j'étais trop
dérangée par la vie extérieure. Il me fallait produire
sans repos, tirer de moi-même, sans le secours
d'aucune philosophie, des histoires de cœur, et cela
pour suffire à l'éducation de ma fille, à mes devoirs
envers les autres et envers moi-même. Je sentis
alors l'effroi de cette vie de travail dont j'avais ac-
cepté toutes les responsabilités. Il ne m'était plus
permis de m'arrêter un instant, de revoir mon œuvre, d'attendre l'inspiration, et j'avais des accès de
remords en songeant à tout ce temps consacré à un
travail frivole, quand mon cerveau éprouvait le besoin de se livrer à de salutaires méditations. Les
gens qui n'ont rien à faire et qui voient les artistes
produire avec facilité sont volontiers surpris du peu
d'heures, du peu d'instants qu'ils peuvent se réser-
ver à eux-mêmes. Ils ne savent pas que cette gym-
nastique de l'imagination, quand elle n'altère pas
la santé, laisse du moins une excitation des nerfs,
une obsession d'images et une langueur de l'âme
qui ne permettent pas de mener de front un autre
genre de travail.

Je prenais ma profession en grippe dix fois par
jour en entendant parler d'ouvrages sérieux que
j'aurais voulu lire, ou de choses que j'aurais voulu

voir par moi-même. Et puis, quand j'étais avec mes
enfants, j'aurais voulu ne vivre que pour eux et
avec eux. Et quand venaient mes amis, je me reprochais de ne pas les recevoir assez bien et d'être
parfois préoccupée au milieu d'eux. Il me semblait
que tout ce qui est le vrai de la vie passait devant
moi comme un rêve, et que ce monde imaginaire
du roman s'appesantissait sur moi comme une poignante réalité.

C'est alors que je me pris à regretter Nohant,
dont je me bannissais par faiblesse et qui se fermait
devant moi par ma faute. Pourquoi avais-je déchiré
le contrat qui m'assurait la moitié de mon revenu ?
J'aurais pu au moins louer une petite maison non
loin de la mienne et m'y retirer avec ma fille une
moitié de l'année, au temps des vacances de Maurice; je me serais reposée là, en face des mêmes
horizons qu'avaient contemplés mes premiers regards, au milieu des amis de mon enfance; j'aurais
vu fumer les cheminées de Nohant au-dessus des
arbres plantés par ma grand'mère, assez loin pour
ne pas gêner ce qui se passait maintenant sous leurs
ombrages, assez près pour me figurer que je pouvais encore y aller lire ou rêver en liberté.

Éverard, à qui je disais ma nostalgie et le dégoût
que j'avais de Paris, me conseillait de m'établir à
Bourges ou aux environs. J'y fis un petit voyage.
Un de ses amis, qui s'absentait, me prêta sa mai-

son, où je passai seule quelques jours, en compagnie
de Lavater, que je trouvai dans la bibliothèque, et
sur lequel je fis avec amour un petit travail. Cette
solitude au milieu d'une ville morte, dans une maison déserte pleine de poésie, me parut délicieuse.
Everard, Planet et la maîtresse de la maison, femme
excellente et pleine de soins, venaient me voir une
heure ou deux le soir ; puis je passais la moitié des
nuits seule dans un petit préau rempli de fleurs,
sous la lune brillante, savourant ces belles senteurs
de l'été et cette sérénité salutaire qu'il me fallait
conquérir à la pointe de l'épée. D'un restaurant
voisin, un homme qui ne savait pas mon nom venait m'apporter mes repas dans un panier que je
recevais par le guichet de la cour. J'étais encore une
fois oubliée du monde entier et plongée dans l'oubli
de ma propre vie réelle.

Mais cette douce retraite ne pouvait pas durer.
Je ne pouvais m'emparer de cette charmante maison, la seule peut-être qui me convînt dans toute la
ville, par son isolement dans un quartier silencieux
et par son caractère d'abandon uni à un modeste
confortable. D'ailleurs, il m'y fallait mes enfants,
et cette claustration ne leur eût pas été bonne. Dès
que j'aurais mis le pied dans une rue de Bourges,
j'aurais été signalée dans toute la ville, et je n'acceptais pas l'idée d'une vie de relations dans une
ville de province. Je ne me doutais pas que je tou-

6.

chais à une situation de ce genre et que je m'en
accommoderais fort bien.

Malgré les instances d'Éverard, j'abandonnai
l'idée de m'établir de ce côté. Le pays me semblait
affreux ; une plaine plate, semée de marécages et
dépourvue d'arbres, s'étend autour de la ville comme
la campagne de Rome. Il faut aller loin pour trouver
des forêts et des eaux vives. Et puis, faut-il le dire?
Éverard, avec Planet, avec un ou deux amis, était
d'un commerce délicieux ; tête à tête, il était trop
brillant, il me fatiguait. Il avait besoin d'un inter-
locuteur pour lui donner la réplique. Les autres
s'en chargeaient, moi je ne savais qu'écouter. Quand
nous étions seuls ensemble, mon silence l'irritait,
et il y voyait une marque de méfiance ou d'indifférence pour ses idées et ses passions politiques. Son
esprit dominateur le tourmentait étrangement avec
moi, dont l'esprit cède facilement à l'entraînement,
mais échappe à la domination. Avec lui surtout,
ma conscience se réservait instinctivement un sanctuaire inattaquable, celui du détachement des choses
de ce monde en ce qu'elles ont de vain et de tumul-
tueux. Quand il m'avait circonvenue dans un réseau d'arguments à l'usage des hommes d'action,
tantôt pour me tracer d'excellentes lois de conduite,
tantôt pour me prouver des nécessités politiques qui
me semblaient coupables ou puériles, j'étais forcée
de lui répondre, et comme la discussion n'est pas

dans ma nature et qu'il m'en coûte d'être en désaccord avec ceux que j'aime, aussitôt que j'en venais
à parler bien et clairement, ce qui m'étonnait moi-
même et me brisait comme si j'eusse parlé dans
l'effort d'un rêve, je voyais avec effroi l'effet de
mes paroles sur lui. Elles l'impressionnaient trop,
elles le jetaient dans un profond dégoût de sa propre
existence, dans le découragement de l'avenir et dans
les irrésolutions de la conscience.

Cela eût été bon à une nature forte et par conséquent modérée : cela était mauvais à une nature qui
n'était qu'ardente et qui passait rapidement d'un
excès à l'autre. Il s'écriait alors que j'avais l'inexorable vérité pour moi, que j'étais plus philosophe et
plus éclairée que lui, qu'il était un malheureux
poëte toujours trompé par des chimères. Que sais-
je ? Cette cervelle impressionnable, cet exprit naïf
dans la modestie autant qu'il était sophistique et
impérieux dans l'orgueil, ne connaissait de terme
moyen à aucune chose. Il parlait de quitter sa carrière politique, sa profession, ses affaires, et de se
retirer dans sa petite propriété pour lire des poëtes
et des philosophes à l'ombre des saules et au mur-
mure de l'eau.

Il me fallait alors lui remonter le moral, lui dire
qu'il poussait ma logique jusqu'à l'absurde, lui
rappeler les belles et excellentes raisons qu'il m'avait
données pour me tirer de ma propre apathie, rai-

sons qui m'avaient persuadée et depuis lesquelles je
ne parlais plus sans respect de la mission révolutionnaire et de l'œuvre démocratique.

Nous n'avions plus de querelles sur le babouvisme.
Il avait quitté ce système pour en creuser un autre.
Il relisait Montesquieu. Il était modéré en politique
pour le moment, car je l'ai toujours connu sous
l'influence d'une personne ou d'un livre. Un peu
plus tard, il lut l'*Oberman* de Senancour, et parla
pendant trois mois de se retirer au désert. Puis il eut
des idées religieuses et rêva la vie monastique. Il
devint ensuite platonicien, puis aristotélicien ; enfin,
à l'époque où j'ai perdu la trace de ses engouements,
il était revenu à Montesquieu.

Dans toutes ces phases d'enthousiasme ou de conviction, il était grand poëte, grand raisonneur ou
grand artiste. Son esprit embrassait et dépassait
toutes choses. Excessif dans l'activité comme dans
l'abattement, il eut une période de stoïcisme où il
nous prêchait la modération avec une énergie à la
fois touchante et comique.

On ne pouvait se lasser de l'entendre quand il se
tenait dans l'enseignement des idées générales ; mais
quand la discussion de ces idées lui devenait personnelle, l'intimité avec lui redevenait un orage :
un bel orage à coup sûr, plein de grandeur, de générosité et de sincérité, mais qu'il n'était pas dans
mes facultés de soutenir longtemps sans lassitude.

Cette agitation était sa vie ; comme l'aigle , il pla-
nait dans la tempête. C'eût été ma mort, à moi ;
j'étais un oiseau de moindre envergure.

Il y avait surtout en lui quelque chose à quoi je
ne pouvais m'identifier, l'imprévu. Il me quittait le
soir dans des idées calmes et vraies , il reparaissait
le lendemain tout transformé et comme furieux
d'avoir été tranquillisé la veille. Alors il se calom-
niait , il se déclarait ambitieux dans l'acception la
plus étroite du mot , il se moquait de mes restric-
tions et cas de conscience , il parlait de vengeance
politique , il s'attribuait des haines , des rancunes ,
il se parait de toutes sortes de travers et même de
vices de cœur qu'il n'avait pas et qu'il n'aurait
jamais pu se donner. Je souriais et le laissais dire.
Je regardais cela comme un accès de fièvre et de
divagation qui m'ennuyait un peu , mais dont la fin
allait venir. Elle venait toujours , et je remarquais
avec étonnement une évolution soudaine et complète
dans ses idées , avec un oubli absolu de ce qu'il venait de penser tout haut. Cela était même inquié-
tant , et j'étais forcée de constater ce que j'avais
déjà constaté ailleurs*, c'est que les plus beaux gé-
nies touchent parfois et comme fatalement à l'alié-
nation. Si Éverard n'avait pas été voué à l'eau
sucrée pour toute boisson, même pendant ses repas,
maintes fois je l'aurais cru ivre.

J'étais déjà assez attachée à lui pour supporter

tout cela sans humeur et pour le ménager dans ses
crises. L'amitié de la femme est, en général, très-
maternelle, et ce sentiment a dominé ma vie plus
que je n'aurais voulu. J'avais soigné Éverard à
Paris dans une maladie grave. Il avait beaucoup
souffert, et je l'avais vu à toute heure admirable de
douceur, de patience et de reconnaissance pour les
moindres soins. C'est là un lien qui improvise les
grandes amitiés. Il avait pour moi la plus touchante
gratitude, et moi, je m'étais habituée à le dorloter
au moral. J'avais passé avec Planet des nuits à son
chevet, à combattre la fièvre qui le tourmentait par
des paroles amies qui faisaient plus d'effet sur cette
organisation tout intellectuelle que les potions du
médecin. J'avais raisonné son délire, tranquillisé
ses inquiétudes, écrit ses lettres, amené ses amis
autour de lui, écarté les contrariétés qui pouvaient
l'atteindre. Maurice, dans ses jours de sortie, l'avait
soigné et choyé comme un aïeul. Il adorait mes
enfants, et, d'instinct, mes enfants le chérissaient.

C'étaient là de douces chaînes, et la pureté de
notre affection me les rendait plus précieuses encore.
Il m'était assez indifférent, quant à moi, que l'on
pût se méprendre sur la nature de nos relations;
nos amis la connaissaient, et leur présence continuelle
la sanctifiait encore plus. Mais je m'étais flattée en
vain qu'un pacte tout fraternel serait une condition
de tranquillité angélique. Éverard n'avait pas la

placidité de Rollinat. Pour être chastes, ses sentiments n'étaient point calmes. Il voulait posséder
l'âme exclusivement, et il était aussi jaloux de cette
possession que le sont les amants et les époux de
posséder la personne. Cela constituait une sorte de
tyrannie dont on avait beau rire, il fallait la subir
ou s'en défendre.

Je passai trois ans à faire alternativement l'un et
l'autre. Ma raison se préserva toujours de son influence quand cette influence était déraisonnable,
mais mon cœur subit le poids et le charme de son
amitié, tantôt avec joie, tantôt avec amertume. Le
sien avait des trésors de bonté dont on se sentait
heureux et fier d'être l'objet ; son caractère était
toujours généreux et incapable de descendre aux
petitesses de détail ; mais son cerveau avait des
bourrasques dont on souffrait cruellement en le
voyant souffrir et en reconnaissant l'impossibilité
de lui en épargner la souffrance.

Pour n'avoir pas à trop revenir sur une situation
qui se renouvela souvent pendant ces trois années,
et encore au delà, quoique de moins en moins, je
veux résumer en peu de mots le sujet de nos dissidences. Éverard, au milieu de ses flottements tumul-
tueux et de ses cataractes d'idées opposées, nour-
rissait le ver rongeur de l'ambition. On a dit qu'il
aimait l'argent et l'influence. Je n'ai jamais vu d'é-
troitesse ni de laideur dans ses instincts. Quand il

se tourmentait d'une perte d'argent, ou quand il se réjouissait d'un succès de ce genre, c'était avec l'émotion légitime d'un malade courageux qui craint la cessation de ses forces, de son travail, de l'accomplissement de ses devoirs. Pauvre et endetté, il avait épousé une femme riche. Si ce n'était pas un tort, c'était un malheur. Cette femme avait des enfants, et la pensée de les dépouiller pour ses besoins personnels était odieuse à Éverard. Il avait soif de faire fortune, non-seulement afin de ne jamais tomber à leur charge, mais encore, par un sentiment de tendresse et de fierté très-concevable, afin de les laisser plus riches qu'il ne les avait trouvés en les adoptant.

Son âpreté au travail, ses soucis devant une dette, sa sollicitude dans le placement des fonds acquis à la sueur de son visage, avaient donc un motif sérieux et pressant. Ce n'est pas du tout là ce qu'on pouvait lui imputer à ambition : mais quand un homme se dévoue à un rôle politique, il faut qu'il puisse sacrifier sa fortune, et celui qui ne le peut pas est toujours accusé de ne pas le vouloir.

La convoitise d'Éverard était d'une nature plus élevée. Il avait soif de pouvoir. Pourquoi ? Cela serait impossible à dire. C'était un appétit de son organisation, et rien de plus. Il n'était ni prodigue, ni vaniteux, ni vindicatif, et dans le pouvoir il ne voyait que le besoin d'agir et le plaisir de com-

mander. Il n'eût jamais su s'en servir. Dès qu'il avait
une carrière d'activité ouverte, il ressentait l'acca-
blement et le dégoût de sa tâche. Dès qu'il était obéi
aveuglément, il prenait ses séides en pitié. Enfin,
en toutes choses, dès qu'il atteignait au but pour-
suivi avec ardeur, il le trouvait au-dessous de ses
aspirations.

Mais il se plaisait dans les préoccupations de
l'homme d'Etat. Habile au premier chef dans la
science des affaires, puissant dans l'intuition de
celles qu'il n'avait pas étudiées, prompt à s'assimiler les notions les plus diverses, doué d'une mémoire aussi étonnante que celle de Pierre Leroux,
invincible dans la déduction et le raisonnement des
choses de fait, il sentait ses brillantes facultés le
prendre à la gorge et l'étouffer par leur inaction.
La monotonie de sa profession l'exaspérait, en même
temps que l'assujettissement de cette fatigue ache-
vait de ruiner sa santé. Il rêvait donc une révolution comme les béats rêvent le ciel, et il ne se disait
pas qu'en se laissant dévorer par cette aspiration il
usait son âme et la rendait incapable de se gouverner
elle-même dans de moindres périls et de moindres
labeurs.

C'est cette ambition fatale que j'essayai en vain
d'engourdir et de calmer. Elle avait son beau côté
sans doute, et si le destin l'eût secondée, elle se fût
épurée au creuset de l'expérience et au foyer de

l'inspiration ; mais elle retomba sur elle-même sans
trouver l'aliment qui convenait à son heure, et il
fut dévoré par elle sans profit marqué pour la cause
révolutionnaire.

Il a passé sur la terre comme une âme éperdue,
chassée de quelque monde supérieur, vainement
avide de quelque grande existence appropriée à son
grand désir. Il a dédaigné la part de gloire qui lui
était comptée, et qui eût enivré bien d'autres. L'emploi borné d'un talent immense n'a pas suffi à son
vaste rêve. Cela est bien pardonnable, nous le lui
pardonnons tous ; mais nous ne pouvons nous empêcher de regretter l'impuissance de nos efforts
pour le retenir plus longtemps parmi nous.

D'ailleurs, ce n'était pas seulement au point de
vue de son repos et de sa santé que je m'attachais à
lui faire prendre patience. C'était en vue de son
propre idéal de justice et de sagesse, qui me semblait compromis dans la lutte de ses instincts avec
ses principes. En même temps qu'Éverard concevait
un monde renouvelé par le progrès moral du genre
humain, il acceptait en théorie ce qu'il appelait les
nécessités de la politique pure, les ruses, le char-
latanisme, le mensonge même, les concessions sans
sincérité, les alliances sans foi, les promesses vaines.
Il était encore de ceux qui disent que qui veut la fin
veut les moyens. Je pense qu'il ne réglait jamais sa
conduite personnelle sur ces déplorables errements

de l'esprit de parti, mais j'étais affligée de les lui voir admettre comme pardonnables, ou seulement inévitables.

Plus tard, la dissidence se creusa et porta sur l'idéal même. J'étais devenue socialiste, Éverard ne l'était plus.

Ses idées subirent encore des modifications après la révolution de février, qui l'avait intempestivement surpris dans une phase de modération un peu dictatoriale. Ce n'est pas le moment de compléter son histoire, trop tôt suspendue par une mort prématurée. Il faut que je revienne au récit de mes propres vicissitudes.

Je quittai donc Bourges attristée de ses agitations, partagée entre le besoin de les fuir et le regret de le laisser dans la tourmente; mais mon devoir m'appelait ailleurs, et il le reconnaissait.

CHAPITRE DIXIÈME

Je ne savais trop que devenir. Retourner à Paris m'était odieux, rester loin de mes enfants m'était devenu impossible. Depuis que j'avais renoncé au projet de les quitter pour un grand voyage, chose étrange, je n'aurais plus voulu les quitter d'un jour. Mes entrailles, engourdies par le chagrin, s'étaient réveillées en même temps que mon esprit s'était ouvert aux idées sociales. Je sentais revenir ma santé morale, et j'avais la perception des vrais besoins de mon cœur.

Mais à Paris je ne pouvais plus travailler, j'étais

malade. Les ouvriers avaient repris possession du rez-de-chaussée, les importuns et les curieux venaient disputer mes heures à mes amis et à mes devoirs. La politique, tendue de nouveau par l'attentat Fieschi, devenait une source amère pour la réflexion. On exploitait l'assassinat, on arrêtait Armand Carrel, un des hommes les plus purs de notre temps; on marchait à grands pas vers les lois de septembre. Le peuple laissait faire.

Je n'avais pas conçu de grandes espérances pendant le procès d'avril; mais, si raisonnable ou si pessimiste que l'on fût, à ce moment-là, il y avait dans l'air je ne sais quel souffle de vie qui retombait soudainement glacé sous un souffle de mort. La république fuyait à l'horizon pour une nouvelle période d'années.

M. Lamennais m'avait invitée à aller passer quelques jours à la Chenaie; je partis et m'arrêtai en route, en me demandant ce que j'allais faire là, moi si gauche, si muette, si ennuyeuse! Oser lui demander une heure de son temps précieux, c'était déjà beaucoup, et à Paris il m'en avait accordé quelques-unes; mais aller lui prendre des jours entiers, c'est ce que je n'osai pas accepter. J'eus tort, je ne le connaissais pas dans toute sa bonté, dans toute sa bonhomie, comme je l'ai connu plus tard. Je craignais la tension soutenue d'un grand esprit que je n'aurais pas pu suivre, et le moindre

de ses disciples eût été plus fort que moi pour soutenir un dialogue sérieux. Je ne savais pas qu'il
aimait à se reposer dans l'intimité des travaux
ardus de l'intelligence. Personne ne causait avec
autant d'abandon et d'entrain de tout ce qui est à
la portée de tous. Il n'était pas difficile d'ailleurs,
l'excellent homme, sur l'esprit de ses interlocuteurs.
On l'amusait avec un rien. Une niaiserie, un enfan-
tillage le faisaient rire. Et comme il riait! Il riait
comme Éverard, jusqu'à en être malade, mais plus
souvent et plus facilement que lui. Il a écrit quelque part que les pleurs sont le lot des anges et le
rire celui de Satan. L'idée est belle là où elle est,
mais dans la vie humaine le rire d'un homme de
bien est comme le chant de sa conscience. Les personnes vraiment gaies sont toujours bonnes, et il
en était justement la preuve.

Je n'allai donc pas à la Chenaie. Je revins sur
mes pas, je rentrai à Paris, et j'y reçus une lettre
de mon frère qui me disait d'aller à Nohant. Il
prenait alors mon parti et se faisait fort de décider
mon mari à m'abandonner sans regret l'habitation
et le revenu de ma terre. « Casimir, disait-il, est
dégoûté des ennuis de la propriété et des dépenses
que celle-là exige. Il n'y sait pas suffire. Toi, avec
ton travail, tu pourrais t'en tirer. Il veut aller vivre
à Paris ou chez sa belle-mère dans le Midi; il se
trouvera plus riche avec la moitié de vos revenus

et la vie de garçon, qu'il ne l'est dans ton château, ... » etc. Mon frère, qui prit plus tard le parti
de mon mari contre moi, s'exprimait là avec beaucoup de liberté et de sévérité sur la situation de
Nohant en mon absence. « Tu ne dois pas abandonner ainsi tes intérêts, ajoutait-il, c'est un tort
envers tes enfants, » etc.

A cette époque mon frère n'habitait plus Nohant,
mais il faisait de fréquents voyages au pays.

Je crus devoir suivre son conseil, et je trouvai
en effet M. Dudevant disposé à quitter le Berry et à
me laisser les charges et les profits de la résidence.
En même temps qu'il prenait cette résolution il me
témoignait tant de dépit, que je n'insistai pas et
m'en allai encore une fois, n'ayant pas le courage
d'entamer une lutte pour de l'argent. Cette lutte
devint nécessaire, inévitable quelques semaines plus
tard. Elle eut des motifs plus sérieux, elle devint
un devoir envers mes enfants d'abord, ensuite envers mes amis et mon entourage, et peut-être aussi
envers la mémoire de ma grand'mère, dont l'éter-
nelle préoccupation et les dernières volontés se trouvaient trop ouvertement violées aux lieux mêmes
qu'elle m'avait transmis pour abriter et protéger
ma vie.

Le 19 octobre 1835, j'avais été passer à Nohant
la fin des vacances de Maurice. A la suite d'un
orage que rien n'avait provoqué, rien absolument,

pas même une parole ou un sourire de ma part,
j'allai m'enfermer dans ma petite chambre. Maurice
m'y suivit en pleurant. Je le calmai en lui disant
que cela ne recommencerait pas. Il se paya des
consolations que l'on donne aux enfants en paroles
vagues; mais, dans ma pensée, les miennes avaient
un sens arrêté et définitif. Je ne voulais pas que
mes enfants vissent jamais se renouveler la preuve
de dissentiments qu'ils avaient ignorés jusque-là.
Je ne voulais pas que ces dissentiments eussent
pour conséquence de leur faire oublier ce qu'ils
devaient de respect à leur père ou à moi.

Quelques jours auparavant, mon mari avait signé
un acte sous seing privé exécutable à la date du 11
novembre suivant, par lequel je lui abandonnais
plus de la moitié de mes revenus. Cet acte, qui me
laissait l'habitation de Nohant et la gouverne de
ma fille, ne me garantissait en rien contre le revi-
rement de sa volonté. Sa manière d'être et ses paroles sans détour me prouvaient qu'il considérait
comme nulles les promesses deux fois faites et deux
fois signées. C'était son droit, le mariage le veut
ainsi, dans notre législation l'époux étant le maître;
or, le maître n'est jamais engagé envers celui qui
n'est maître de rien.

Quand Maurice fut couché et endormi, Duteil
vint près de moi s'enquérir de la disposition de
mon esprit. Il blâmait ouvertement celle qui s'était

trahie chez mon mari. Il voulait amener une réconciliation à laquelle tous deux se refusèrent. Je le
remerciai de son intervention, mais je ne lui fis
point part de la résolution que je venais de prendre.
Il me fallait l'avis de Rollinat.

Je passai la nuit à réfléchir. En ce moment où je
sentais la plénitude de mes droits, mes devoirs m'ap-
paraissaient dans toute leur rigueur. J'avais tardé
bien longtemps, j'avais été bien faible et bien insou-
cieuse de mon propre sort. Tant que ce n'avait été
qu'une question personnelle dont mes enfants ne
pouvaient souffrir dans leur éducation morale, j'a-
vais cru pouvoir me sacrifier et me permettre la satisfaction intérieure de laisser tranquille un homme
que je n'étais pas née pour rendre heureux selon
ses goûts. Pendant treize ans il avait joui du bien-
être qui m'appartenait et dont je m'étais abstenue
pour lui complaire. J'aurais voulu le lui laisser
toute sa vie; il aurait pu le conserver. La veille
encore, le voyant soucieux, je lui avais dit : « Vous
regrettez Nohant, je le vois bien, malgré le dégoût
que vous avez pris de votre gestion. Eh bien, tout
n'est-il pas pour le mieux, puisque je vous en
débarrasse? Croyez-vous que la porte du logis vous
sera jamais fermée? » Il m'avait répondu : « Je ne
remettrai jamais les pieds dans une maison dont je
ne serai pas le seul maître. » Et dès le lendemain il
avait voulu être pour jamais le seul maître.

Il ne pouvait plus, il ne devait plus m'inspirer
de sécurité. J'étais sans ressentiment contre lui, je
le voyais emporté par une fatalité d'organisation,
je devais séparer ma destinée de la sienne, ou sacrifier plus que je n'avais encore fait, c'est-à-dire ma
dignité vis-à-vis de mes enfants, ou ma vie, à
laquelle je ne tenais pas beaucoup, mais que je leur
devais également.

Dès le matin, M. Dudevant alla à la Châtre. Il
n'était plus sédentaire comme il avait été longtemps.
Il s'absentait des journées, des semaines entières.
Il n'aurait pas dû trouver mauvais qu'au moins,
pendant les vacances de Maurice, je fusse là pour
garder la maison et les enfants. Je sus par les
domestiques que rien n'était changé dans ses projets; il devait partir le jour suivant, le 21, pour
Paris et reconduire Maurice au collège, Solange à
sa pension. Cela avait été convenu; je devais les
rejoindre au bout de quelques jours; mais les nouvelles circonstances me firent changer de résolution.
Je décidai que je ne reverrais mon mari ni à Paris
ni à Nohant, et que je ne l'y reverrais pas même
avant son départ. Je serais sortie de la maison tout
à fait si je n'eusse pas voulu passer avec Maurice le
dernier jour de ses vacances. Je pris un petit cheval
et un mauvais cabriolet, il n'y avait pas de domestique à mes ordres; je mis mes deux enfants dans
ce modeste véhicule, et je les menai dans le bois de

Vavray, un endroit charmant alors, d'où, assis sur
la mousse, à l'ombre des vieux chênes, on embrassait de l'œil les horizons mélancoliques et profonds
de la vallée Noire.

Il faisait un temps superbe. Maurice m'avait
aidée à dételer le petit cheval qui paissait à côté de
nous. Un doux soleil d'automne faisait resplendir
les bruyères. Armés de couteaux et de paniers,
nous faisions une récolte de mousses et de junger-
mannes que le Malgache m'avait demandé de prendre là, au hasard, pour sa collection, n'ayant pas,
lui, m'écrivait-il, le temps d'aller si loin pour
explorer la localité.

Nous prenions donc de tout sans choisir, et mes
enfants, l'un qui n'avait pas vu passer la tempête
domestique de la veille, l'autre qui, grâce à l'insouciance de son âge, l'avait déjà oubliée, couraient,
criaient et riaient à travers le taillis. C'était une
gaieté, une joie, une ardeur de recherches qui me
rappelaient le temps heureux où j'avais couru ainsi
à côté de ma mère pour l'embellissement de nos
petites grottes. Hélas! vingt ans plus tard, j'ai eu à
mes côtés un autre enfant rayonnant de force, de
bonheur et de beauté, bondissant sur la mousse des
bois et la ramassant dans les plis de sa robe comme
avait fait sa mère, comme j'avais fait moi-même,
dans les mêmes lieux, dans les mêmes jeux, dans
les mêmes rêves d'or et de fées! Et cet enfant-là

repose à présent entre ma grand'mère et mon père!
Aussi j'ai peine à écrire en cet instant, et le souvenir de ce triple passé sans lendemain m'oppresse
et m'étouffe [1] !

Nous avions emporté un petit panier pour goûter
sous l'ombrage. Nous ne rentrâmes qu'à la nuit.
Le lendemain, les enfants partirent avec M. Dudevant, qui avait passé la nuit à la Châtre et qui ne
demanda pas à me voir.

J'étais décidée à n'avoir plus aucune explication
avec lui; mais je ne savais pas encore par quel
moyen j'éviterais cette inévitable nécessité domestique. Mon ami d'enfance Gustave Papet vint me
voir; je lui racontai l'aventure, et nous partîmes
ensemble pour Châteauroux.

« Je ne vois de remède absolu à cette situation,
me dit Rollinat, qu'une séparation par jugement.
L'issue ne m'en paraît pas douteuse; reste à savoir
si tu en auras le courage. Les formes judiciaires
sont brutales, et, faible comme je te connais, tu
reculeras devant la nécessité de blesser et d'offenser
ton adversaire. » Je lui demandai s'il n'y avait pas
moyen d'éviter le scandale des débats; je me fis expliquer la marche à suivre, et quand il l'eut fait,
nous reconnûmes que, mon mari laissant prendre
un jugement par défaut, sans plaidoiries et sans

[1] Juin 1855.

publicité, la position qu'il avait réglée lui-même,
par contrat volontaire, resterait la même pour lui,
puisque telle était mon intention, avec cet avantage
essentiel pour moi de rendre la convention légale,
c'est-à-dire réelle.

Mais sur tout cela Rollinat voulait consulter
Éverard. Nous retournâmes avec lui à Nohant le
jour même, et, prenant seulement là le temps de
dîner, nous repartîmes dans le même cabriolet, en
poste, pour Bourges.

Éverard payait sa dette à la pairie. Il était en
prison. La prison de ville est l'antique château des
ducs de Bourgogne. Dans les ombres de la nuit,
elle avait un grand caractère de force et de désolation. Nous gagnâmes un des geôliers, qui nous fit
passer par une brèche et nous conduisit dans les
ténèbres, à travers des galeries et des escaliers fantastiques. Il y eut un moment où, entendant le pas
d'un surveillant, il me poussa dans une porte ouverte qu'il referma sur moi, tandis qu'il fourrait
Rollinat je ne sais où, et se présentait seul au passage de son supérieur.

Je tirai de ma poche une des allumettes qui me
servaient pour mes cigarettes, et je regardai où j'é-
tais. Je me trouvais dans un cachot fort lugubre,
situé au pied d'une tourelle. A deux pas de moi, un
escalier souterrain à fleur de terre descendait dans
les profondeurs des geôles. J'éteignis vite mon al-

7.

lumette, qui pouvait me trahir, et restai immobile,
sachant le danger d'une promenade à tâtons dans
cette retraite de mauvaise mine.

On m'y laissa bien un quart d'heure, qui me
parut fort long. Enfin mon homme revint me délivrer, et nous pûmes gagner l'appartement où Éverard, averti par Gustave, nous attendait pour me
donner consultation vers deux heures du matin.

Il nous approuva d'avoir fait cette démarche rapidement et avec mystère. Ceux de mes amis qui
étaient dans de bons termes avec M. Dudevant devaient l'ignorer, si elle ne devait pas aboutir. Il
écouta le récit de toute ma vie conjugale, et, appre-
nant toutes les évolutions de volonté que j'avais dû
subir, il se prononça, comme Rollinat, pour la séparation judiciaire. Mon plan de conduite me fut
tracé après mûre délibération. Je devais surprendre
mon adversaire par une requête au président du
tribunal, afin que, ce fait accompli, il pût en accepter les conséquences dans un moment où il devait mieux en sentir la nécessité. On ne mettait pas
en doute qu'il ne les acceptât sans discussion pour
éviter d'ébruiter les causes de ma détermination.
Nous comptions sans les mauvais conseillers que
M. Dudevant crut devoir écouter dans la suite du
procès.

Je devais, pour conserver mes droits de plai-
gnante, ne pas rentrer au domicile conjugal, et jus-

qu'à ce que le président du tribunal eût statué sur
mon domicile temporaire, aller chez un de mes amis
de la Châtre. Le plus âgé était Duteil; mais Duteil,
ami de mon mari, voudrait-il me recevoir dans la
circonstance? Quant à sa femme et à sa sœur, cela
n'était pas douteux pour moi; quant à lui, c'était
une chose à tenter.

Le geôlier vint nous avertir que le jour allait
poindre et qu'il fallait sortir comme nous étions
entrés, sans être vus, le règlement de la prison
s'opposant à ces consultations nocturnes. La sortie
se passa sans encombre. Nous reprîmes la poste et
nous allâmes surprendre Duteil à la Châtre. En
trente heures nous avions fait cinquante-quatre
lieues dans un débris de cabriolet tombant en ruines,
et nous n'avions pas pris un moment de repos moral.

« Me voilà, dis-je à Duteil; je viens demeurer
chez toi, à moins que tu ne me chasses. Je ne te
demande ni conseil ni consultation contre M. Dudevant, qui est ton ami. Je ne t'appellerai pas en
témoignage contre lui. Je t'autoriserai, dès que
j'aurai obtenu un jugement, à devenir le concilia-
teur entre nous, c'est-à-dire à lui assurer de ma part
les meilleures conditions d'existence possibles, celles qu'il avait réglées. Ton rôle, que tu peux dès
à présent lui faire connaître, est donc honorable
et facile.

» — Vous resterez chez moi, dit Duteil avec cette

spontanéité de cœur qui le caractérisait dans les
grandes occasions. Je suis si reconnaissant de la
préférence que vous m'accordez sur vos autres amis,
que vous pouvez compter à jamais sur moi, quoi
qu'il arrive. Quant au procès que vous voulez entamer, laissez-moi en causer avec vous.

» — Donne-moi d'abord à dîner, car je meurs de
faim, lui répondis-je, et ensuite j'irai chercher à
Nohant mes pantoufles et mes paperasses.

» — Je vous y accompagnerai, dit-il, et nous
causerons chemin faisant. »

Le dîner m'ayant un peu remise, je repris avec
lui le vénérable cabriolet, et deux heures après
nous revenions chez lui. Il m'avait écoutée en silence, se bornant à des questions d'un ordre plus
élevé que celle des hasards de la procédure, et ne
me disant pas trop son avis. Enfin, dans l'allée de
peupliers qui touche à l'arrivée de la petite ville,
il se résuma ainsi : « J'ai été le compagnon et l'hôte
joyeux de votre mari et de votre frère, mais je n'ai
jamais oublié, quand vous étiez là, que j'étais chez
vous et que je devais à votre caractère de mère de
famille un respect sans bornes. Je vous ai cependant quelquefois assommée de mon bavardage après
dîner et de mon tapage aux heures de votre travail.
Vous savez bien que c'était comme malgré moi et
qu'une parole de reproche de vous me dégrisait
quelquefois comme par miracle. Votre tort est de

m'avoir gâté par trop de douceur. Aussi qu'est-il
arrivé? C'est que, tout en me sentant le camarade
de votre mari pendant douze heures de gaieté, j'a-
vais chaque soir une treizième heure de tristesse où
je me sentais votre ami. Après ma femme et mes
enfants, vous êtes ce que j'aime le mieux sur la
terre, et si j'hésite depuis deux heures à vous donner
raison, c'est que je redoute pour vous les fatigues
et les chagrins de la lutte que vous entamez. Pourtant je crois qu'elle peut être douce et se renfermer
dans le petit horizon de notre petite ville, si Casimir écoute mes conseils. Je vois ceux qu'il faut lui
donner dans son intérêt, et je pense maintenant
pouvoir me faire fort de le persuader. Voilà. » —
Et comme nous escaladions le petit pont en dos
d'âne qui entre en ville, il allongea un coup de
fouet au cheval en disant avec sa gaieté ranimée :
« Allons ! *enlevons Hermione !* »

Je m'installai donc chez lui pour quelques semaines, sentant qu'il fallait vivre là comme dans
une maison de verre, au cœur du commérage de la
Châtre, et faire tomber toutes les histoires que l'on
y bâtissait depuis que j'existe sur l'excentricité de
mon caractère. Ces histoires merveilleuses avaient
pris un bien plus bel essor depuis que j'avais été
tenter à Paris la destinée de l'artiste. Comme je n'a-
vais absolument rien à cacher, et que je n'ai jamais
rien posé, il m'était bien facile de me faire connai-

tre. Quelques rancunes à propos de la fameuse chan-
son persistèrent bien un peu, quelques fanatiques
de l'autorité maritale se roidirent bien encore contre ma cause ; mais, en général, je vis tomber toutes
les préventions, et si j'avais eu mes pauvres enfants
avec moi, ce temps que je passai à la Châtre eût
été un des plus agréables de ma vie. Je luttais pour
eux, je pris donc patience. La famille de Duteil devint vite la mienne. Sa femme, la belle et charmante Agasta, sa belle-sœur, l'excellente Félicie,
toutes deux pleines d'intelligence et de cœur, furent
comme mes sœurs, à moi aussi. M. et madame
Desages (cette dernière était la propre sœur de Duteil) demeuraient dans la même maison, au rez-de-
chaussée. Nous étions réunis tous les soirs quatorze,
dont sept enfants [1]. Charles et Eugénie Duvernet,
Alphonse et Laure Fleury, Planet, désormais fixé
à la Châtre, Gustave Papet quand il quittait Paris,
et quelques autres personnes de la famille Duteil,
venaient se joindre à nous fort souvent, et nous
organisions pour les enfants des charades en action,
des travestissements, des danses et des jeux bien
véritablement innocents, qui leur mettaient l'âme
en joie. C'est si bon, le rire inextinguible de ces
heureuses créatures ! Ils mettent tant d'ardeur et de

---

[1] Un de ces enfants, Luc Desages, est devenu le disciple
et le gendre de Pierre Leroux.

bonne foi dans les émotions du jeu ! Je redevenais encore une fois enfant moi-même, *traînant tous leurs cœurs après moi*. Ah ! oui, c'était là mon empire et ma vocation, j'aurais dû être bonne d'enfants ou maîtresse d'école.

A dix heures la marmaille allait se coucher, à onze heures le reste de la famille se séparait. Félicie, bonne pour moi comme un ange, me préparait ma table de travail et mon petit souper; elle couchait sa sœur Agasta, qui était atteinte d'une maladie de nerfs fort grave et qui, après s'être ranimée à la gaieté des enfants, retombait souvent accablée et comme mourante. Nous causions un peu avec elle pour l'endormir, ou, quand elle dormait d'elle-même, avec Duteil et Planet, qui aimaient à babiller et qu'il nous fallait renvoyer pour les empêcher de me prendre ma veillée. A minuit, je me mettais enfin à écrire jusqu'au jour, bercée quelquefois par d'étranges rugissements.

Vis-à-vis de mes fenêtres, dans la rue étroite, montueuse et malpropre, flottait de temps immémorial l'enseigne classique : *A la boutaille*. Duteil, qui prétendait avoir appris à lire sur cette enseigne, disait que le jour où cette faute d'orthographe serait corrigée, il n'aurait plus qu'à mourir, parce que toute la physionomie du Berry serait changée.

L'auberge de la *Boutaille* était tenue par une vieille sibylle qui logeait à la nuit, et ce taudis était

principalement affecté aux bateleurs ambulants, aux
petits colporteurs suspects et aux montreurs d'animaux savants. Les marmottes, les chiens choré-
graphes, les singes pelés et surtout les ours muselés
tenaient cour plénière dans des caves dont les sou-
piraux donnaient sur la rue. Ces pauvres bêtes, ha-
rassées de la fatigue du voyage et rouées des coups
inséparables de toute éducation classique, vivaient
là en bonne intelligence une partie de la nuit ; mais,
aux approches du jour, la faim ou l'ennui se faisant sentir, on commençait à s'agiter, à s'injurier
et à grimper aux barreaux du soupirail pour gémir,
grimacer ou maugréer de la façon la plus lugubre.

C'était le prélude de scènes très-curieuses et que
je me suis souvent divertie à surveiller à travers la
fente de mes jalousies. L'hôtesse de la *Boutaille,*
madame Gaudron, sachant très-bien à quelles gens
elle avait affaire, se levait la première et très-mysté-
rieusement pour surveiller le départ de ses hôtes.
De leur côté, ceux-ci, préméditant de partir sans
payer, faisaient leurs préparatifs à tâtons, et l'un
d'eux, descendant auprès des bêtes, les excitait
pour les faire gronder, afin de couvrir le bruit furtif
de la fuite des camarades.

L'adresse et la ruse de ces bohémiens était merveilleuses ; je ne sais par quels trous de la serrure
ils s'évadaient, mais en dépit de l'œil attentif et de
l'oreille fine de la vieille, elle se trouvait très-sou-

vent en présence d'un gamin pleurard qui se disait
abandonné avec les animaux par ses compagnons
dénaturés et dans l'impossibilité de payer la dépense.
Que faire? Mettre ce bétail en fourrière et le nourrir
jusqu'à ce que la police eût rattrapé les délin-
quants? C'était là une mauvaise créance, et il fallait
bien laisser partir la feinte victime avec les quadru-
pèdes affamés et menaçants, qui paraissaient peu
disposés à se laisser appréhender au corps.

Quand la bande payait honnêtement son écot, la
vieille avait un autre souci. Elle redoutait surtout
ceux qui se conduisaient en gentilshommes et dédai-
gnaient de marchander. Elle furetait alors autour
de leurs paquets avec angoisse, comptait et recomp-
tait ses couverts d'étain et ses guenilles. Le bât de
l'âne, quand il y avait un âne, était surtout l'objet
de son anxiété. Elle trouvait mille prétextes pour
retenir cet âne, et au dernier moment elle passait
adroitement ses mains sous le bât pour lui palper
l'échine. Mais, en dépit de toutes ces précautions et
de toutes ces alarmes, il se passait peu de jours
sans qu'on l'entendît geindre sur ses pertes et maudire sa clientèle.

Quels beaux *Decamps*, quels fantastiques *Callot*
j'ai vus là, aux rayons blafards de la lune ou aux
pâles lueurs de l'aube d'hiver, quand la bise faisait
claqueter l'enseigne séculaire, et que les bohémiens,
blêmes comme des spectres, se mettaient en marche

sur le pavé couvert de neige! Tantôt c'était une
femme bronzée, pittoresque sous ses guenilles som-
bres, portant dans ses bras un pauvre bel enfant
rose, volé ou acheté sur les chemins; tantôt c'était
le petit Savoyard beaucoup plus laid que son singe,
et tantôt l'Hercule de carrefour trainant dans une
espèce de brouette sa femme et sa nombreuse pro-
géniture. Il y avait de ces êtres effrayants ou hideux,
et pourtant, par hasard, il s'y détachait quelquefois
des figures plus intéressantes, des paillasses tristes
et résignés comme celui qu'a idéalisé Frédérick-
Lemaître, de vieux artistes mendiants raclant du
violon avec une sorte de maëstria désordonnée, des
petites filles gymnastes exténuées et livides, riant
et chantant le printemps et l'amour au bras de
leurs amoureux de quinze ans. Que de misère, que
d'insouciance, que de larmes ou de chansons sur ces
chemins poudreux ou glacés qui ne mènent pas
même à l'hôpital !

Le 16 février 1836, le tribunal rendit un jugement de séparation en ma faveur. M. Dudevant y
fit défaut, ce qui nous fit croire à tous qu'il acceptait cette solution. Je pus aller prendre possession
de mon domicile légal à Nohant. Le jugement me
confiait la garde et l'éducation de mon fils et de
ma fille.

Je me croyais dispensée de pousser plus loin les
choses. Mon mari écrivait à Duteil de manière à

me le faire espérer. Je passai quelques semaines à
Nohant dans l'attente de son arrivée au pays pour
notre liquidation et nos arrangements. Duteil se
chargeait de faire pour moi toutes les concessions
possibles, et je devais, pour éviter toute rencontre
irritante, me rendre à Paris dès que M. Dudevant
viendrait à la Châtre.

J'eus donc à Nohant quelques beaux jours d'hiver, où je savourai pour la première fois depuis la
mort de ma grand'mère les douceurs d'un recueillement que ne troublait plus aucune note discor-
dante. J'avais, autant par économie que par justice,
fait maison nette de tous les domestiques habitués
à commander à ma place. Je ne gardai que le vieux
jardinier de ma grand'mère, établi avec sa femme
dans un pavillon au fond de la cour. J'étais donc
absolument seule dans cette grande maison silen-
cieuse. Je ne recevais même pas mes amis de la
Châtre, afin de ne donner lieu à aucune amertume.
Il ne m'eût pas semblé de bon goût de pendre sitôt
la crémaillère, comme on dit chez nous, et de paraître fêter bruyamment ma victoire.

Ce fut donc une solitude absolue, et, une fois
dans ma vie, j'ai habité Nohant à l'état de *maison
déserte*. La maison déserte a longtemps été un de
mes rêves. Jusqu'au jour où j'ai pu goûter sans
alarmes les douceurs de la vie de famille, je me suis
bercée de l'espoir de posséder dans quelque endroit

ignoré une maison, fût-ce une ruine ou une chaumière, où je pourrais de temps en temps disparaître
et travailler sans être distraite par le son de la voix
humaine.

Nohant fut donc en ce temps-là, c'est-à-dire en
ce moment-là, car il fut court comme tous les pauvres petits repos de ma vie, un idéal pour ma fantaisie. Je m'amusai à le ranger, c'est-à-dire à le
déranger moi-même. Je faisais disparaître tout ce
qui me rappelait des souvenirs pénibles, et je dis-
posais les vieux meubles comme je les avais vus
placés dans mon enfance. La femme du jardinier
n'entrait dans la maison que pour faire ma chambre
et m'apporter mon diner. Quand il était enlevé, je
fermais toutes les portes donnant dehors et j'ou-
vrais toutes celles de l'intérieur. J'allumais beaucoup de bougies et je me promenais dans l'enfilade
de grandes pièces du rez-de-chaussée, depuis le petit
boudoir où je couchais toujours, jusqu'au grand salon
illuminé en outre par un grand feu. Puis j'éteignais
tout, et marchant à la seule lueur du feu mourant
dans l'âtre, je savourais l'émotion de cette obscu-
rité mystérieuse et pleine de pensées mélancoliques,
après avoir ressaisi les riants et doux souvenirs de
mes jeunes années. Je m'amusais à me faire un peu
peur en passant comme un fantôme devant les
glaces ternies par le temps, et le bruit de mes pas
dans ces pièces vides et sonores me faisait quelque-

fois tressaillir, comme si l'ombre de Deschartres se
fût glissée derrière moi.

J'allai à Paris au mois de mars, à ce que je crois
me rappeler. M. Dudevant vint à la Châtre et
accepta une transaction qui lui faisait des conditions infiniment meilleures que le jugement prononcé contre lui. Mais à peine eut-il signé, qu'il
crut devoir n'en tenir compte et former opposition.
Il s'y prit fort mal, il était aigri par les conseils de
mon pauvre frère, qui, mobile comme l'onde, ou
plutôt comme le vin, s'était tourné contre ma victoire après m'avoir fourni toutes les armes possibles
pour le combat. La belle-mère de mon mari, madame Dudevant, faisait pour ainsi dire à celui-ci
une nécessité de poursuivre la lutte. Il se trouvait
qu'elle me détestait affreusement sans que j'aie
jamais su pourquoi. Peut-être éprouvait-elle, à la
veille de sa mort, ce besoin de détester quelqu'un
qui, le jour de sa mort, devint un besoin de détester
tout le monde, mon mari tout le premier. Quoi
qu'il en soit, elle mettait alors, m'a-t-on dit, pour
condition à son héritage, la résistance de son beau-
fils à toute conciliation avec moi.

Mon mari, je le répète, s'y prit mal. Voulant
repousser la séparation, il imagina de présenter au
tribunal une requête dictée, on eût pu dire rédigée
par deux servantes que j'avais chassées, et qu'un
célèbre avocat ne le détourna pas de prendre pour

auxiliaires. Les conseils de cet avocat sont quelquefois funestes. Un fait récent, qui a pour jamais
déchiré mon âme sans profit pour sa gloire, à lui,
me l'a cruellement prouvé.

Quant à son intervention dans mes affaires con-
jugales, elle ne servit qu'à rendre amère une solution qui eût pu être calme. Elle éclaira plus qu'il
n'était besoin la conscience des juges. Ils ne com-
prirent pas qu'en me supposant de si étranges torts
envers lui et envers moi-même, mon mari voulût
renouer notre union. Ils trouvèrent l'injure suffisante, et, annulant les motifs de leur premier jugement pour vice de forme dans la procédure, ils le
renouvelèrent le 11 mai 1836, absolument dans les
mêmes termes.

J'étais revenue à la Châtre, chez Duteil; j'avais
fait toute la nuit des projets et des préparatifs de
départ. Je m'étais assuré par emprunt une somme
de dix mille francs avec laquelle j'étais résolue à
enlever mes enfants et à fuir en Amérique si la
déplorable requête était prise en considération.
J'avoue maintenant, sans scrupule, cette intention
formelle que j'avais de résister à l'effet de la loi, et
j'ose dire très-ouvertement que celle qui règle les
séparations judiciaires est une loi contre laquelle la
conscience du présent proteste, et une des premières
sur lesquelles la sagesse de l'avenir reviendra.

Le principal vice de cette loi, c'est la publicité

qu'elle donne aux débats. Elle force l'un des époux, le plus mécontent, le plus blessé des deux, à subir une existence impossible ou à mettre au jour les plaies de son âme. Ne suffirait-il pas de révéler ces plaies à des magistrats intègres, qui en garderaient le secret, sans être forcé de publier l'égarement de celui qui les a faites? On exige des témoins, on fait une enquête. On rédige et on affiche les fautes signalées. Pour soustraire les enfants à des influences qui ne sont peut-être que passagèrement funestes, il faut qu'un des époux laisse dans les annales d'un greffe un monument de blâme contre l'autre. Et ce n'est encore là que la partie douce et voilée de semblables luttes. Si l'adversaire fait résistance, il faut arriver à l'éclat des plaidoiries et au scandale des journaux. Ainsi une femme timide ou généreuse devra renoncer à respecter son mari ou à préserver ses enfants. Un de ses devoirs sera en opposition avec l'autre. Dira-t-on que, si l'amour maternel ne l'emporte pas, elle aura sacrifié l'avenir des enfants à la morale publique, à la sainteté de la famille? Ce serait un sophisme difficile à admettre, et si l'on veut que le devoir de la mère ne soit pas plus impérieux que celui de l'épouse, on accordera au moins qu'il l'est tout autant.

Et si c'est l'époux qui demande la séparation, son devoir n'est-il pas plus effroyable encore? Une femme peut articuler des causes d'incompatibilité

suffisantes pour rompre le lien sans être déshono-
rantes pour l'homme dont elle porte le nom. Ainsi
qu'elle allègue la vie bruyante, les emportements
et les amours de son mari dans le domicile conjugal, c'est trop exiger d'elle sans doute pour la
délivrer des malheurs qu'entrainent ces infractions
à la règle; mais enfin ce ne sont pas là des souillures dont un homme ne puisse se laver dans l'opinion. Il y a plus; dans notre société, dans nos
préjugés et dans nos mœurs, plus un homme est
signalé pour avoir eu des bonnes fortunes, plus le
sourire des assistants le complimente. En province
surtout, quiconque a beaucoup fêté la table et
l'amour passe pour un *joyeux compère*, et tout est
dit. On le blâme un peu de n'avoir pas ménagé la
fierté de sa femme légitime, on convient qu'il a eu
tort de s'emporter contre elle, mais enfin, faire acte
d'autorité absolue dans la maison est le droit du
mari, et pour peu qu'il y eût mis des formes, tout
son sexe lui eût donné raison plus ou moins; et,
en fait, il peut avoir subi les entrainements de certaines intempérances, et n'en être pas moins un
galant homme à tous autres égards.

Telle n'est pas la position de la femme accusée
d'adultère. On n'attribue à la femme qu'un seul
genre d'honneur. Infidèle à son mari, elle est flé-
trie et avilie, elle est déshonorée aux yeux de ses
enfants, elle est passible d'une peine infamante, la

prison. Voilà ce qu'un mari outragé, qui veut soustraire ses enfants à de mauvais exemples, est forcé
de faire quand il demande la séparation judiciaire.
Il ne peut se plaindre ni d'injures ni de mauvais
traitements. Il est le plus fort, il en a les droits,
on lui rirait au nez s'il se plaignait d'avoir été
battu. Il faut donc qu'il invoque l'adultère et qu'il
tue moralement la femme qui porte son nom. C'est
peut-être pour lui éviter la nécessité de ce meurtre
moral que la loi lui concède le droit de meurtre
réel sur sa personne.

Quelles solutions aux malheurs domestiques! Cela
est sauvage, cela peut tuer l'âme de l'enfant con-
damné à contempler la durée du désaccord de ses
parents ou à en connaître l'issue.

Mais ceci n'est rien encore, et l'homme est in-
vesti de bien d'autres droits. Il peut déshonorer sa
femme, la *faire mettre en prison* et la condamner
ensuite à rentrer sous sa dépendance, à subir son
pardon et ses caresses! S'il lui épargne ce dernier
outrage, le pire de tous, il peut lui faire une vie de
fiel et d'amertume, lui reprocher sa faute à toutes
les heures de sa vie, la tenir éternellement sous
l'humiliation de la servitude, sous la terreur des
menaces.

Imaginez le rôle d'une mère de famille sous le
coup de l'outrage d'une pareille miséricorde! Voyez
l'attitude de ses enfants condamnés à rougir d'elle,

8.

ou à l'absoudre en détestant l'auteur de son châti-
ment ! Voyez celle de ses parents, de ses amis, de
ses serviteurs ! Supposez un époux implacable, une
femme vindicative, vous aurez un intérieur tragique. Supposez un mari inconséquent et débonnaire à ses heures, une femme sans mémoire et
sans dignité, vous aurez un intérieur ridicule. Mais
ne supposez jamais un époux vraiment généreux et
moral, capable de punir au nom de l'honneur et de
pardonner au nom de la religion. Un tel homme
peut exercer sa rigueur et sa clémence dans le secret
du ménage, il ne peut jamais invoquer le bénéfice
de la loi pour infliger publiquement une honte qu'il
n'est pas en son pouvoir d'effacer.

Cette doctrine judiciaire fut pourtant admise par
les conseils de mon mari, et plaidée plus tard par
un brave homme, avocat de province, qui n'était
peut-être pas sans talent, mais qui fut forcé d'être
absurde sous le poids d'un système immoral et révoltant. Je me souviens que, plaidant au nom de la
religion, de l'autorité, de l'orthodoxie de principes,
et voulant invoquer le type de la charité évangélique dans l'image du Christ, il le traita de philosophe et de prophète, son mouvement oratoire ne
pouvant s'élever jusqu'à en faire un Dieu. Je le
crois bien : appeler la sanction d'un Dieu sur la
vengeance précédant le pardon, c'eût été un sacrilége.

Ajoutons que cette vengeance prétendue légitime

peut reposer sur d'atroces calommies, accueillies dans un moment d'irritation maladive ; le ressentiment de certaine valetaille sait orner de faits monstrueux la faute présumée. Un époux autorisé à admettre des infamies jusqu'à essayer d'en fournir la preuve y risquerait son honneur ou sa raison.

Non, le lien conjugal brisé dans les cœurs ne peut être renoué par la main des hommes. L'amour et la foi, l'estime et le pardon sont choses trop intimes et trop saintes pour qu'il n'y faille pas Dieu seul pour témoin et le mystère pour caution. Le lien conjugal est rompu dès qu'il est devenu odieux à l'un des époux. Il faudrait qu'un conseil de famille et de magistrature fût appelé à connaître, je ne dis pas des motifs de plainte, mais de la réalité, de la force et de la persistance du mécontentement. Que des épreuves de temps fussent imposées, qu'une sage lenteur se tînt en garde contre les caprices coupables ou les dépits passagers, certes, on ne saurait mettre trop de prudence à prononcer sur les destinées d'une famille ; mais il faudrait que la sentence ne fût motivée que sur des incompatibilités certaines dans l'esprit des juges, vagues dans la formule judiciaire, inconnues au public. On ne plaiderait plus pour la haine et pour la vengeance, et on plaiderait beaucoup moins.

Plus on aplanira les voies de la délivrance, plus les naufragés du mariage feront d'efforts pour sau-

ver le navire avant de l'abandonner. Si c'est une
arche sainte, comme l'esprit de la loi le proclame,
faites qu'elle ne sombre pas dans les tempêtes, faites
que ses porteurs fatigués ne la laissent pas tomber
dans la boue; faites que deux époux forcés par un
devoir de dignité bien entendue à se séparer puissent
respecter le lien qu'ils brisent et enseigner à leurs
enfants à les respecter l'un et l'autre.

Voilà les réflexions qui se pressaient dans mon
esprit la veille du jour qui devait décider de mon
sort. Mon mari, irrité des motifs énoncés au jugement, et s'en prenant à moi et à mes conseils judiciaires de ce que les formes légales ont de dur et
d'indélicat, ne songeait plus qu'à en tirer vengeance.
Aveuglé, il ne savait pas que la société était là son
seul ennemi. Il ne se disait pas que je n'avais arti-
culé que les faits absolument nécessaires, et fourni
que les preuves strictement exigées par la loi. Il
connaissait pourtant le Code mieux que moi, il
avait été reçu avocat; mais jamais sa pensée, éprise
d'immobilité dans l'autorité, n'avait voulu s'élever
à la critique morale des lois, et par conséquent prévoir leurs funestes conséquences.

Il répondait donc à une enquête où l'on n'avait
trahi que des faits dont il aimait à se vanter par
des imputations dont j'aurais frémi de mériter la
cent millième partie. Son avoué se refusa à lire un
libelle. Les juges se seraient refusés à l'entendre.

Il allait donc au delà de l'esprit de la loi, qui permet à l'époux offensé par des reproches de motiver les procédés acerbes dont on l'accuse par de violents sujets de plainte. Mais la loi qui admet ce moyen de défense dans un procès où l'époux demande la séparation à son profit ne saurait l'admettre comme acte de vengeance dans une lutte où il repousse la séparation. Elle la prononce d'autant plus en faveur de la femme qui s'est déclarée offensée, que ce moyen est la pire des offenses : c'est ce qui arriva.

Je n'étais pourtant pas tranquille sur l'issue de ce débat. J'aurais voulu, moi, dans un premier moment d'indignation, que mon mari fût autorisé à faire la preuve des griefs qu'il articulait. Éverard, qui devait plaider pour moi, repoussait l'idée d'un pareil débat. Il avait raison, mais ma fierté souffrait, je l'avoue, de la possibilité d'un soupçon dans l'esprit des juges. « Ce soupçon, disais-je, prendra peut-être assez de consistance dans leur pensée pour qu'en prononçant la séparation ils me retirent le soin d'élever mon fils. »

Pourtant, quand j'eus réfléchi, je reconnus l'absence de danger de ma situation, de quelque façon qu'elle vînt à aboutir. Le soupçon ne pouvait même pas effleurer l'esprit de mes juges : les accusations portaient trop le cachet de la démence.

Je m'endormis alors profondément. J'étais fatiguée de mes propres pensées, qui pour la première fois avaient embrassé la question du mariage d'une manière générale assez lucide. Jamais, je le jure, je n'avais senti aussi vivement la sainteté du pacte conjugal et les causes de sa fragilité dans nos mœurs que dans cette crise où je me voyais en cause moi-même. J'éprouvais enfin un calme souverain, j'étais sûre de la droiture de ma conscience et de la pureté de mon idéal. Je remerciai Dieu de ce qu'au milieu de mes souffrances personnelles il m'avait permis de conserver sans altération la notion et l'amour de la vérité.

A une heure de l'après-midi, Félicie entra dans ma chambre. « Comment ! vous pouvez dormir ! me dit-elle. Sachez donc que l'on sort de l'audience, vous avez gagné votre procès, vous avez Maurice et Solange. Levez-vous vite pour remercier Éverard qui arrive et qui a fait pleurer toute la ville. »

Il y eut encore tentative de transaction avec M. Dudevant pendant que je retournai à Paris; mais ses conseils ne lui laissaient pas le loisir d'entendre raison. Il forma appel devant la cour de Bourges. Je revins habiter la Châtre.

Quoique je fusse choyée et heureuse autant que possible dans la famille de Duteil, j'y souffrais un peu du bruit des enfants, qui se levaient à l'heure où je commençais à m'endormir, et de la chaleur, que l'étroitesse de la rue et la petitesse de la maison

rendaient accablante. Passer l'été dans une ville,
c'est pour moi chose cruelle. Je n'avais pas seulement une pauvre petite branche de verdure à regarder. Rozane Bourgoing m'offrit une chambre
chez elle, et il fut convenu que les deux familles se
réuniraient tous les soirs.

M. et madame Bourgoing, avec une jeune sœur
de Rozane qu'ils traitaient comme leur enfant, et
qui était presque aussi belle que Rozane, occupaient
une jolie maison avec un jardinet perché en terrasse
sur un précipice. C'était l'ancien rempart de la ville,
et par là on voyait la campagne, on y était. L'Indre
coulait, sombre et paisible, sous des rideaux d'arbres magnifiques et s'en allait, le long d'une vallée
charmante, se perdre dans la verdure. Devant moi,
sur l'autre rive, s'élevait la Rochaille, une colline
semée de blocs diluviens et ombragée de noyers
séculaires. La maisonnette blanche et les ajoupas
de roseaux du Malgache s'apercevaient un peu plus
loin, et à côté de nous la grande tour carrée de
l'ancien château des Lombault dominait le paysage.

Notre jardinet, tout rempli de fleurs, nous réga-
lait de senteurs délicieuses ; le bruit de la ville n'é-
tait pas trop près. Nous dinions dehors, le long d'un
grand pignon couvert de chèvrefeuille, les pieds
sur les dalles d'un petit péristyle où les violettes
trouvaient moyen de se fourrer. Nos amis venaient
prendre le café sur la balustrade de la terrasse, au

chant des rossignols et au bruit des moulins de la
rivière. Mes nuits étaient délicieuses. J'avais une
grande chambre au rez-de-chaussée, meublée d'un
petit lit de fer, d'une chaise et d'une table. Quand
les amis étaient partis et les portes fermées, je
pouvais, sans troubler le sommeil de personne, me
promener dans le jardin escarpé comme une citadelle, travailler une heure, sortir et rentrer, compter les étoiles qui se couchent, saluer le soleil qui se
lève, embrasser à la fois un large horizon et une
vaste campagne, n'entendre que le chant des oiseaux
ou le cri des chouettes, me croire enfin dans la
maison déserte de mes rêves. C'est là que je refis la
dernière partie de *Lélia* et que je l'augmentai d'un
volume. C'est peut-être l'endroit où je me suis crue,
à tort ou à raison, le plus poëte.

J'allais de temps en temps à Bourges, ou bien
Éverard venait de temps en temps à la Châtre.
C'était toujours en vue de nous consulter sur le
procès, mais le procès était la chose dont nous pouvions le moins parler. J'avais la tête pleine d'art,
Éverard avait la tête pleine de politique, Planet l'a-
vait toujours de socialisme. Duteil et le Malgache
faisaient de tout cela un pot pourri d'imagination,
d'esprit, de divagation et de gaieté. Fleury discutait
avec ce mélange de bon sens et d'enthousiasme qui
se disputent sa cervelle à la fois positive et romanesque. Nous nous chérissions trop les uns les autres

pour ne pas nous quereller avec violence. Quelles bonnes violences ! entrecoupées de tendres élans de cœur et de rires homériques ! Nous ne pouvions nous séparer, on oubliait de dormir, et ces prétendus jours de repos nous laissaient harassés de fatigue, mais débarrassés du trop-plein d'imagination et de ferveur républicaine qui s'entassait en nous dans les heures de la solitude.

Enfin mon insupportable procès fut appelé à Bourges. Je m'y rendis, au commencement de juillet, après avoir été chercher Solange à Paris. Je voulais être encore une fois en mesure de l'emporter en cas d'échec. Quant à Maurice, mes précautions étaient prises pour l'enlever un peu plus tard. J'étais toujours secrètement en révolte contre la loi que j'invoquais ouvertement. C'était fort illogique, mais la loi l'était plus que moi, elle qui, pour m'ôter ou me rendre mes droits de mère, me forçait à vaincre tout souvenir d'amitié conjugale, ou à voir ces souvenirs outragés et méconnus dans le cœur de mon mari. Ces droits maternels, la société peut les annuler, et, en thèse générale, elles les fait primer par ceux du mari. La nature n'accepte pas de tels arrêts, et jamais on ne persuadera à une mère que ses enfants ne sont pas à elle plus qu'à leur père. Les enfants ne s'y trompent pas non plus.

Je savais les juges de Bourges prévenus contre moi et circonvenus par un système de propos fan-

tastiques sur mon compte. Ainsi, le jour où je me
montrai habillée comme tout le monde dans la
ville, ceux des bourgeois qui ne m'y rencontrèrent
pas demandèrent aux autres s'il était vrai que j'avais
des pantalons rouges et des pistolets à ma ceinture.

M. Dudevant voyait bien qu'avec sa requête il
avait fait fausse route. On lui conseilla de se poser
en mari égaré par l'amour et la jalousie. C'était un
peu tard, et je pense qu'il joua fort mal un rôle
que démentait sa loyauté naturelle. On le poussa à
venir le soir sous mes fenêtres et jusqu'à ma porte,
comme pour solliciter une entrevue mystérieuse;
mais ma conscience se révolta contre une pareille
comédie, et après s'être promené de long en large
quelques instants dans la rue, je le vis qui s'en
allait en riant et en haussant les épaules. Il avait
bien raison.

J'avais reçu l'hospitalité dans la famille Tourangin, une des plus honorables de la ville. Félix
Tourangin, riche industriel et proche parent de la
famille Duteil, avait deux filles, l'une mariée, l'autre
déjà majeure, et quatre fils, dont les derniers étaient
des enfants. Agasta et son mari m'avaient accompagnée. Rollinat, Planet et Papet nous avaient
suivis. Les autres nous rejoignirent bientôt; j'avais
donc tout mon cher Berry autour de moi, car dès
ce moment je m'attachai à la famille Tourangin
comme si j'y avais passé ma vie. Le père Félix

m'appelait sa fille ; Elisa, un ange de bonté et une femme du plus grand mérite et de la plus adorable vertu, m'appelait sa sœur. Je me faisais avec elle la mère des petits frères. Leurs autres parents venaient nous voir souvent et me témoignaient le plus affectueux intérêt, même M. Mater, le premier président, quand mon procès fut terminé. Je vis arriver aussi, le jour des débats, Émile Regnault, un Sancerrois que j'avais aimé comme un frère et qui avait épousé contre moi je ne sais plus quelle mauvaise querelle. Il vint me faire amende honorable de torts que j'avais oubliés.

L'avocat de mon mari, donnant dans le système adopté, plaida, comme je l'ai déjà dit d'avance, l'amour de mon mari, et, tout en offrant de faire hautement la preuve de mes crimes, il m'offrit généreusement le pardon après l'outrage. Éverard fit ressortir avec une merveilleuse éloquence l'inconséquence odieuse d'une pareille philosophie conjugale. Si j'étais coupable, il fallait commencer par me répudier, et si je ne l'étais pas, il ne fallait pas faire le généreux. Dans tous les cas, la générosité était difficile à accepter après la vengeance. Tout l'édifice de l'amour tomba d'ailleurs devant des preuves. Il lut une lettre de 1831 où M. Dudevant me disait : « *J'irai à Paris ; je ne descendrai pas chez vous, parce que je ne veux pas vous gêner, pas plus que je ne veux que vous me gêniez.* » L'avocat général en lut d'autres où la satisfaction de mon absence était si clairement exprimée, qu'il n'y avait pas à compter beaucoup sur cette tendresse posthume qui m'était offerte. Et pourquoi M. Dudevant se défendait-il de ne pas m'avoir aimée ? Plus il disait de mal de moi, plus on était porté à l'absoudre. Mais proclamer à la fois cette affection et les prétendues causes qui m'en rendaient indigne, c'était jeter dans les esprits le soupçon d'un calcul intéressé qu'il n'eût sans doute pas voulu mériter.

Il le sentit, car, sans attendre le jugement, il se désista de son appel, et la cour donnant acte de ce désistement, le jugement de la Châtre eut son plein effet sur le reste de ma vie.

Nous reprîmes alors l'ancien traité qu'il m'avait offert à Nohant et que ses malheureuses irrésolutions m'avaient forcée à rendre valide par une année de luttes amères, inutiles s'il eût consenti à ne pas varier.

Cet ancien traité, qui fit base pour le nouveau, lui attribuait le soin de payer et surveiller l'éducation de Maurice au collége. Sur ce point, du moment que nous retombions d'accord, je ne craignais plus d'être séparée de mon fils. Mais l'aversion de Maurice pour le collége pouvait revenir, et ce n'est pas sans peine que je me décidai à ne pas faire de réserves. Éverard, Duteil et Rollinat me remontrèrent que tout pacte devait entraîner réconciliation

de cœur et d'esprit; qu'il y allait de l'honneur de
mon mari d'employer une part du revenu que je
lui faisais à payer l'éducation de son fils; que Maurice était bien portant, travaillait passablement et
paraissait habitué au régime universitaire; qu'il
avait déjà douze ans, et que dans bien peu d'années
la direction de ses idées et le choix de sa carrière
appartiendraient fort peu à ses parents et beaucoup
à lui-même; que, dans tous les cas, sa passion pour
moi ne devait guère m'inspirer d'inquiétude, et que
madame Dudevant, la baronne, n'aurait pas beau
jeu à vouloir m'enlever son cœur et sa confiance.
C'étaient de très-bonnes raisons, auxquelles je cédai
pourtant à regret. J'avais le pressentiment d'une
nouvelle lutte. On me disait en vain que l'éducation
en commun était nécessaire, fortifiante pour le
corps et pour l'esprit; il ne me semblait pas qu'elle
convînt à Maurice, et je ne me trompais pas. Je cédai, craignant de prendre pour la science de l'instinct maternel une faiblesse de cœur dangereuse à
l'objet de ma sollicitude. M. Dudevant ne paraissait vouloir élever aucune contestation sur l'emploi
des vacances. Il promettait de m'envoyer Maurice
aussitôt qu'elles seraient ouvertes, et il tint parole.

J'embrassai l'excellente Élisa et sa famille, qui
m'avaient si bien aimée à première vue; Agasta,
qui, le matin de mon procès, avait été entendre la
messe à mon intention, les beaux enfants de la

maison et les braves amis qui m'avaient entourée
d'une sollicitude fraternelle. Je partis pour Nohant,
où je rentrai définitivement avec Solange le jour de
Sainte-Anne, patronne du village. On dansait sous
les grands ormes, et le son rauque et criard de la
cornemuse, si cher aux oreilles qu'il a bercées dès
l'enfance, eût pu me paraître d'un heureux augure.

CHAPITRE ONZIÈME

Je n'avais pourtant pas conquis la moindre aisance. J'entrais, au contraire, je ne pouvais pas me le dissimuler, dans de grands embarras, par suite d'un mode de gestion qu'à plusieurs égards il me fallait changer et de dettes qu'on laissait à ma charge sans compensation immédiate. Mais j'avais la maison de mes souvenirs pour abriter les futurs souvenirs de mes enfants. A-t-on bien raison de tenir tant à ces demeures pleines d'images douces et cruelles, histoire de votre propre vie écrite sur tous les murs en caractères mystérieux et indélébiles, qui, à chaque ébranlement de l'âme, vous entourent d'émotions profondes ou de puériles su-

perstitions? Je ne sais; mais nous sommes tous
ainsi faits. La vie est si courte que nous avons besoin, pour la prendre au sérieux, d'en tripler la
notion en nous-mêmes, c'est-à-dire de rattacher
notre existence par la pensée à l'existence des parents
qui nous ont précédés et à celle des enfants qui nous
survivront.

Au reste, je n'entrais pas à Nohant avec l'illusion
d'une oasis finale. Je sentais bien que j'y apportais
mon cœur agité et mon intelligence en travail.

Listz était en Suisse et m'engageait à venir passer quelque temps auprès d'une personne avec laquelle il m'avait fait faire connaissance et qu'il
voyait souvent à Genève, où elle s'était établie pour
quelque temps. C'était la comtesse d'Agoult, belle,
gracieuse, spirituelle, et douée par-dessus tous ces
avantages d'une intelligence supérieure. Elle m'appelait aussi d'une façon fort aimable, et je regardai
ce voyage comme une diversion utile à mon esprit
après les dégoûts de la vie positive où je venais de
me plonger. C'était une très-bonne promenade pour
mes enfants et un moyen de les soustraire à l'étonnement de leur nouvelle position, en les éloignant
des propos et commentaires qui, dans ce premier
moment de révolution intérieure, pouvaient frapper
leurs oreilles. Sitôt que les vacances me ramenèrent
Maurice, je partis donc pour Genève avec lui, sa
sœur et Ursule.

Après deux mois de courses intéressantes et de charmantes relations avec mes amis de Genève, nous revînmes tous à Paris. J'y passai quelque temps en hôtel garni, ma mansarde du quai Malaquais étant à peu près tombée en ruines et le propriétaire ayant expulsé ses locataires pour cause de réparations urgentes. J'avais quitté cette chère mansarde, déjà toute peuplée de mes songes décevants et de mes profondes tristesses, avec d'autant plus de regret que le rez-de-chaussée, mon atelier solitaire, sorti de ses décombres et redevenu un riche appartement, était occupé par une femme excellente, la belle duchesse de Caylus, mariée en secondes noces à M. Louis de Rochemur. Ils avaient deux petites filles adorables, et là où il y a des enfants il est facile de m'attirer. Je fus doucement retenue chez eux, malgré ma sauvagerie, par une sympathie réelle inspirée et partagée. Je les voyais donc très-souvent, ce voisinage allant à mes habitudes sédentaires. Je n'avais que l'escalier à descendre. C'est chez eux que j'ai vu pour la première fois M. de Lamartine. J'y rencontrai aussi M. Berryer.

A l'hôtel de France, où madame d'Agoult m'avait décidée à demeurer près d'elle, les conditions d'existence étaient charmantes pour quelques jours. Elle recevait beaucoup de littérateurs, d'artistes et quelques hommes du monde intelligents. C'est chez

elle ou par elle que je fis connaissance avec Eugène
Sue, le baron d'Ekstein, Chopin, Mickiewicz, Nourrit, Victor Schoëlcher, etc. Mes amis devinrent aussi
les siens. Elle connaissait de son côté M. Lamennais,
Pierre Leroux, Henri Heine, etc. Son salon impro-
visé dans une auberge était donc une réunion d'é-
lite qu'elle présidait avec une grâce exquise et où
elle se trouvait à la hauteur de toutes les spécialités
éminentes par l'étendue de son esprit et la variété
de ses facultés à la fois poétiques et sérieuses.

On faisait là d'admirable musique, et, dans l'intervalle, on pouvait s'instruire en écoutant causer.
Elle voyait aussi madame Marliani, notre amie
commune, tête passionnée, cœur maternel, destinée
malheureuse parce qu'elle voulut trop faire plier la
vie réelle devant l'idéal de son imagination et les
exigences de sa sensibilité.

Ce n'est pas ici le lieu d'une appréciation détail-
lée des diverses sommités intellectuelles qu'à partir
de cette époque j'ai plus ou moins abordées. Il me
faudrait embrasser chacune d'elles dans une synthèse qui me détournerait trop quant à présent de
ma propre histoire. Cela serait beaucoup plus inté-
ressant à coup sûr, et pour moi-même et pour les
autres ; mais j'approche de la limite qui m'est fixée,
et je vois qu'il me reste, si Dieu me prête vie, beaucoup de riches sujets pour un travail futur et peut-
être pour un meilleur livre.

Je n'avais ni le moyen de vivre à Paris ni le goût
d'une vie aussi animée, mais je fus forcée d'y passer
l'hiver : Maurice tomba malade. Le régime du collége, auquel pendant une année il avait paru vouloir
se faire, redevint tout à coup mortel pour lui, et,
après de petites indispositions qui paraissaient sans
gravité, les médecins s'aperçurent d'un commencement d'hypertrophie au cœur. Je me hâtai de l'emmener chez moi; je voulais l'emmener à Nohant;
M. Dudevant, alors à Paris, s'y opposa. Je ne voulus pas lutter contre l'autorité paternelle, quelques
droits que j'eusse pu faire valoir. Je devais avant
tout à mon fils de ne pas lui enseigner la révolte.
J'espérai vaincre son père par la douceur et lui faire
toucher l'évidence.

Cela fut très-difficile pour lui et horriblement
douloureux pour moi. Les personnes qui ont le bonheur de jouir d'une excellente santé ne croient pas
facilement aux maux qu'elles ne connaissent point.
J'écrivis à M. Dudevant, je le reçus, j'allai chez lui,
je lui confiai Maurice de temps en temps pour qu'il
s'assurât de sa maladie : il ne voulait rien entendre;
il croyait à une conspiration de la tendresse maternelle excessive caressant la faiblesse et la paresse
de l'enfance. Il se trompait cruellement. J'avais fait
contre les pleurs de Maurice et contre mes propres
terreurs tous les efforts possibles. Je voyais bien
qu'en se soumettant l'enfant périssait. D'ailleurs,

le proviseur refusait d'assumer sur lui la responsabilité de le reprendre. La méfiance de son père exaspérait la maladie de Maurice. Ce qui lui était le
plus sensible, à lui qui n'avait jamais menti, c'était
de pouvoir être soupçonné de mensonge. Chaque
reproche sur sa pusillanimité, chaque doute sur la
réalité de son mal, enfonçaient un aiguillon dans ce
pauvre cœur malade. Il empirait visiblement, il
n'avait plus de sommeil; il était quelquefois si faible qu'il me fallait le porter dans mes bras pour le
coucher. Une consultation signée Levrault, médecin du collège Henri IV, Gaubert, Marjolin et
Guersant (ces deux derniers m'étaient inconnus et
ne pouvaient être soupçonnés de complaisance), ne
convainquit pas M. Dudevant. Enfin, après quelques semaines de terreurs et de larmes, nous fûmes
réunis l'un à l'autre pour toujours, mon enfant et
moi. M. Dudevant voulut le garder toute une nuit
chez lui pour se convaincre qu'il avait le délire et la
fièvre. Il s'en convainquit si bien qu'il m'écrivit dès
le matin de venir vite le chercher. J'y courus. Maurice, en me voyant, fit un cri, sauta pieds nus sur
le carreau et vint se cramponner à moi. Il voulait
s'en aller tout nu.

Nous partîmes pour Nohant dès que la fièvre fut
un peu calmée. J'étais effrayée de l'éloigner des
soins de Gaubert, qui venait le voir trois fois par
jour; mais Gaubert me criait de l'emmener. L'en-

fant avait le mal du pays. Dans ses songes agités,
il criait, lui, *Nohant, Nohant!* d'une voix déchi-
rante. C'était une idée fixe, il croyait que tant qu'il
ne serait pas là son père viendrait le reprendre.
« Cet enfant ne respire que par votre souffle, me
disait Gaubert, vous êtes *son arbre de vie;* vous
êtes le médecin qu'il lui faut. »

Nous fîmes le voyage en poste, à courtes journées, avec Solange. Maurice recouvra vite un peu
de sommeil et d'appétit; mais un rhumatisme aigu
dans tous les membres et de violentes douleurs de
tête revinrent souvent l'accabler. Il passa le reste
de l'hiver dans ma chambre, et pendant six mois
nous ne nous quittâmes pas d'une heure. Son éducation classique dut être interrompue; il n'y avait
aucun moyen de le remettre aux études du collége
sans lui briser le cerveau.

Madame d'Agoult vint passer chez moi une partie
de l'année. Listz, Charles Didier, Alexandre Rey et
Bocage y vinrent aussi. Nous eûmes un été magnifique, et le piano du grand artiste fit nos délices.
Mais à ce temps de soleil splendide, consacré à un
travail paisible et à de doux loisirs, succédèrent des
jours bien douloureux.

Je reçus un jour, au milieu du dîner, une lettre
de Pierret qui me disait : « Votre mère vient d'être
envahie subitement par une maladie très-grave.
Elle le sent, et la terreur de la mort empire son

9.

mal. Ne venez pas avant quelques jours. Il nous
faut ce temps-là pour la préparer à votre arrivée
comme à une chose étrangère à sa maladie. Écrivez-
lui comme si vous ignoriez tout, et inventez un pré-
texte pour venir à Paris. » Le lendemain il m'écrivait : « Tardez encore un peu, elle se méfie. Nous
ne sommes pas sans espoir de la sauver. »

Madame d'Agoult partait pour l'Italie. Je confiai
Maurice à Gustave Papet, qui demeurait à une
demi-lieue de Nohant ; je laissai Solange à mademoiselle Rollinat, qui faisait son éducation à Nohant,
et je courus chez ma mère.

Depuis mon mariage, je n'avais plus de sujets
immédiats de désaccord avec elle, mais son caractère agité n'avait pas cessé de me faire souffrir. Elle
était venue à Nohant et s'y était livrée à ses invo-
lontaires injustices, à ses inexplicables susceptibilités
contre les personnes les plus inoffensives. Et pourtant, dès ce temps-là, à la suite d'explications sérieuses, j'avais pris enfin de l'ascendant sur elle.
D'ailleurs, je l'aimais toujours avec une passion
instinctive que ne pouvaient détruire mes trop justes
sujets de plainte. Ma renommée littéraire produisait
sur elle les plus étranges alternatives de joie et de
colère. Elle commençait par lire les critiques mal-
veillantes de certains journaux et leurs insinuations
perfides sur mes principes et sur mes mœurs. Persuadée aussitôt que tout cela était mérité, elle

m'écrivait ou accourait chez moi pour m'accabler
de reproches, en m'envoyant ou m'apportant un
ramassis d'injures qui sans elle ne fussent jamais
arrivées jusqu'à moi. Je lui demandais alors si elle
avait lu l'ouvrage incriminé de la sorte. Elle ne
l'avait jamais lu avant de le condamner. Elle se
mettait à le lire après avoir protesté qu'elle ne l'ou-
vrirait pas. Alors, tout aussitôt, elle s'engouait de
mon œuvre avec l'aveuglement qu'une mère peut y
mettre, elle déclarait la chose sublime et les critiques infâmes; et cela recommençait à chaque
nouvel ouvrage.

Il en était ainsi de toutes choses à tous les moments de ma vie. Quelque voyage ou quelque séjour
que je fisse, quelque personne, vieille ou jeune,
homme ou femme, qu'elle rencontrât chez moi,
quelque chapeau que j'eusse sur la tête ou quelque
chaussure que j'eusse aux pieds, c'était une critique,
une tracasserie incessante qui dégénérait en querelle
sérieuse et en reproches véhéments, si je ne me
hâtais, pour la satisfaire, de lui promettre que je
changerais de projets, de connaissances et d'habil-
lements à sa guise. Je n'y risquais rien, puisqu'elle
oubliait dès le lendemain le motif de son dépit.
Mais il fallait beaucoup de patience pour affronter,
à chaque entrevue, une nouvelle bourrasque impossible à prévoir. J'avais de la patience, mais
j'étais mortellement attristée de ne pouvoir retrou-

ver son esprit charmant et ses élans de tendresse
qu'à travers des orages perpétuels.

Elle demeurait depuis plusieurs années, boulevard Poissonnière, n° 6, dans une maison qui a
disparu pour faire place à la maison du pont de fer.
Elle y vivait presque toujours seule, ne pouvant
garder huit jours une servante. Son petit appartement était toujours rangé par elle, nettoyé avec un
soin minutieux, orné de fleurs et brillant de jour
ou de soleil. Elle logeait en plein midi et tenait sa
fenêtre ouverte en été, à la chaleur, à la poussière
et au bruit du boulevard, n'ayant jamais Paris assez
dans sa chambre. « Je suis Parisienne dans l'âme,
disait-elle. Tout ce qui rebute les autres de Paris
me plaît et m'est nécessaire. Je n'y ai jamais trop
chaud ni trop froid. J'aime mieux les arbres poudreux du boulevard et les ruisseaux noirs qui les
arrosent que toutes vos forêts où l'on a peur, et
toutes vos rivières où l'on risque de se noyer. Les
jardins ne m'amusent plus, ils me rappellent trop
les cimetières. Le silence de la campagne m'effraye
et m'ennuie. Paris me fait l'effet d'être toujours en
fête, et ce mouvement que je prends pour de la
gaieté m'arrache à moi-même. Vous savez bien que
le jour où il me faudra réfléchir, je mourrai. »
Pauvre mère, elle réfléchissait beaucoup dans ses
derniers jours !

Bien que plusieurs de mes amis, témoins de ses

emportements ou de ses malices contre moi, me
reprochassent d'être trop faible de cœur envers elle,
je ne pouvais me défendre d'une vive émotion
chaque fois que j'allais la voir. Quelquefois je passais sous sa fenêtre, et je grillais de monter chez
elle ; puis, je m'arrêtais, effrayée de l'algarade qui
m'y attendait peut-être ; mais je succombais presque
toujours, et lorsque j'avais eu la fermeté de rester
une semaine sans la voir, je partais avec une secrète impatience d'arriver. J'observais en moi la
force de cet instinct de la nature à l'étrange oppres-
sion que j'éprouvais en voyant la porte de sa maison. C'était une petite grille donnant sur un escalier
qu'il fallait descendre. Au bas demeurait un marchand de fontaines qui remplissait, je crois, les
fonctions de portier, car de la boutique quelque
voix me criait toujours : « Elle y est, montez ! »
On traversait une petite cour et on montait un
étage, puis on suivait un couloir, et on montait
encore trois autres étages. Cela donnait le temps
de la réflexion, et la réflexion me revenait toujours
dans ce couloir sombre, où je me disais : « Voyons,
quelle figure m'attend là-haut ? bonne ou mauvaise ? souriante ou bouleversée ? Que pourra-t-elle
inventer aujourd'hui pour se fâcher ? »

Mais je me rappelais le bon accueil qu'elle savait
me faire quand je la surprenais dans une bonne
disposition. Quel doux cri de joie, quel brillant re-

gard, quel tendre baiser maternel! Pour cette ex-
clamation, pour ce regard et pour ce baiser, je
pouvais bien affronter deux heures d'amertume.
Alors l'impatience me prenait, je trouvais l'escalier
insupportable, je le franchissais rapidement; j'arrivais plus émue encore qu'essoufflée, et mon cœur
battait à se rompre au moment où je tirais la son-
nette. J'écoutais à travers la porte, et déjà je savais
mon sort, car lorsqu'elle était de bonne humeur,
elle reconnaissait ma manière de sonner, et je l'entendais s'écrier en mettant la main sur la serrure :
« Ah! c'est mon Aurore! » — Mais si elle était dans
des idées noires, elle ne reconnaissait pas mon bruit,
ou, ne voulant pas dire qu'elle l'avait reconnu, elle
criait : « *Qui est là?* »

Ce *Qui est là?* me tombait comme une pierre sur
la poitrine, et il fallait quelquefois bien du temps
avant qu'elle voulût s'expliquer ou qu'elle pût se
calmer. Enfin, quand j'avais arraché un sourire, ou
quand Pierret arrivait bien disposé à prendre mon
parti, l'explication violente tournait en gaieté, et je
l'emmenais dîner au restaurant et passer la soirée
au spectacle. Elle appelait cela une partie de plaisir,
et elle s'en amusait comme dans sa jeunesse. Elle
était alors si charmante qu'il fallait tout oublier.

Mais en de certains jours il était impossible de
s'entendre. C'était justement quelquefois ceux où
l'accueil avait été le plus riant, où le coup de son-

nette avait éveillé l'accent le plus tendre. Il lui passait par la tête de me retenir pour me taquiner, et
comme je voyais venir l'orage, je m'esquivais, lassée
ou froissée, redescendant tous les escaliers avec autant d'impatience que je les avais montés.

Pour donner une idée de ces étranges querelles
de sa part, il me suffira de raconter celle-ci, qui
prouve, entre toutes les autres, combien son cœur
était peu complice des voyages de son imagination.

J'avais au bras un bracelet de cheveux de Maurice, blonds, nuancés, soyeux, enfin d'un ton et
d'une finesse à ne pas douter qu'ils eussent appar-
tenu à la tête d'un petit enfant. On venait d'exécuter
Alibaud, et ma mère avait entendu dire qu'il avait
de longs cheveux. Je n'ai jamais vu Alibaud, j'ai
ouï dire qu'il était très-brun ; mais ne voilà-t-il pas
que ma pauvre mère, qui avait la tête toute remplie
de ce drame, s'imagine que ce bracelet est sa che-
velure ! « La preuve, me dit-elle, c'est que ton ami
Charles Ledru a plaidé la cause de l'assassin. » A
cette époque je ne connaissais pas Charles Ledru,
pas même de vue ; mais il n'y eut aucun moyen de
la dissuader. Elle voulait me faire jeter au feu ce
cher bracelet, qui était toute la toison dorée du
premier âge de Maurice, et qu'elle m'avait vu dix
fois au bras sans y faire attention. Je fus obligée de
me sauver pour l'empêcher de me l'arracher. Je me
sauvais souvent en riant ; mais, tout en riant, je

sentais de grosses larmes tomber sur mes joues.
Je ne pouvais m'habituer à la voir irritée et malheureuse dans ces moments où j'allais lui porter
tout mon cœur : mon cœur souvent navré de quelque
amertume secrète qu'elle n'eût probablement pas su
comprendre, mais qu'une heure de son amour eût
pu dissiper.

La première lettre que j'avais écrite en prenant
la résolution de lutter judiciairement contre mon
mari avait été pour elle. Son élan vers moi fut alors
spontané, complet, et ne se démentit plus. Dans
les voyages que je fis à Paris durant cette lutte, je
la trouvai toujours parfaite. Il y avait donc près
de deux ans que ma pauvre petite mère était rede-
venue pour moi ce qu'elle avait été dans mon enfance. Elle tournait un peu ses taquineries vers
Maurice, qu'elle eût voulu gouverner à sa guise et
qui résistait un peu plus que je n'aurais voulu. Mais
elle l'adorait quand même, et j'avais besoin de la
voir se livrer à ces petites frasques pour ne pas
m'inquiéter de ce doux changement survenu en elle
à mon égard. Il y avait des moments où je disais à
Pierret : « Ma mère est adorable maintenant, mais
je la trouve moins vive et moins gaie. Êtes-vous sûr
qu'elle ne soit pas malade ? — Eh non, me répon-
dait-il ; elle est mieux portante, au contraire. Elle
a enfin passé l'âge où on se ressent encore d'une
grande crise, et à présent la voilà comme elle était

dans sa jeunesse, aussi aimable et presque aussi belle. » C'était la vérité. Quand elle était un peu parée, et elle s'habillait à ravir, on la regardait encore passer sur le boulevard, incertain de son âge et frappé de la perfection de ses traits.

Au moment où, appelée par cette terrible nouvelle de sa fin prochaine, j'arrivais à Paris, à la fin de juillet, les derniers bulletins m'avaient laissé pourtant grande espérance. J'accours, je descends l'escalier du boulevard, et je suis arrêté par le marchand de fontaines qui me dit : « Mais madame Dupin n'est plus ici ! » Je crus que c'était une manière de m'annoncer sa mort, et la fenêtre ouverte que j'avais prise pour un bon augure me revint à l'esprit comme le signe d'un éternel départ. « Tranquillisez-vous, me dit cet homme, elle ne va pas plus mal. Elle a voulu aller se faire soigner dans une maison de santé, pour avoir moins de bruit et un jardin. M. Pierret a dû vous l'écrire. »

La lettre de Pierret ne m'était pas parvenue. Je courus à l'adresse qu'on m'indiquait, m'imaginant trouver ma mère en convalescence, puisqu'elle se préoccupait de la jouissance d'un jardin.

Je la trouvai dans une affreuse petite chambre sans air, couchée sur un grabat et si changée que j'hésitai à la reconnaitre. Elle avait cent ans. Elle jeta ses bras à mon cou en me disant : « Ah ! me voilà sauvée. Tu m'apportes la vie ! » Ma sœur, qui

était auprès d'elle, m'expliqua tout bas que le choix
de cet affreux domicile était une fantaisie de malade, et non une nécessité. Notre pauvre mère
s'imaginant, dans ses heures de fièvre, qu'elle était
environnée de voleurs, cachait un sac d'argent sous
son oreiller et ne voulait pas habiter une meilleure
chambre dans la crainte de révéler ses ressources à
ces brigands imaginaires.

Il fallut entrer dans sa fantaisie un instant; mais
peu à peu j'en triomphai. La maison de santé était
belle et vaste. Je louai le meilleur appartement sur
le jardin, et dès le lendemain elle consentit à y être
transportée. Je lui amenai mon cher Gaubert, dont
la douce et sympathique figure lui plut, et qui
réussit à lui persuader de suivre ses prescriptions.
Mais il m'emmena ensuite au jardin pour me dire :
« Ne vous flattez pas, elle ne peut pas guérir, le
foie est affreusement tuméfié. La crise des douleurs
atroces est passée. Elle va mourir sans souffrance.
Vous ne pouvez que retarder un peu le moment
fatal par des soins moraux. Quant aux soins phy-
siques, faites absolument tout ce qu'elle voudra.
Elle n'a pas la force de vouloir rien qui lui soit
précisément nuisible. Mon rôle, à moi, est de lui
prescrire des choses insignifiantes et d'avoir l'air de
compter sur leur efficacité. Elle est impressionnable
comme un enfant. Occupez son esprit de l'espoir
d'une prochaine guérison. Qu'elle parte doucement

et sans en avoir conscience. » — Puis il ajouta avec sa sérénité habituelle, lui qui était frappé à mort aussi, et qui le savait bien, quoiqu'il le cachât pieusement à ses amis : « Mourir n'est pas un mal! »

Je prévins ma sœur, et nous n'eûmes plus qu'une pensée, celle de distraire et d'endormir les prévisions de notre pauvre malade. Elle voulut se lever et sortir. « C'est dangereux, nous dit Gaubert, elle peut expirer dans vos bras ; mais retenir son corps dans une inaction que son esprit ne peut accepter est plus dangereux encore. Faites ce qu'elle désire. »

Nous habillâmes notre pauvre mère et la portâmes dans une voiture de remise. Elle voulut aller aux Champs-Élysées. Là, elle fut un instant ranimée par le sentiment de la vie qui s'agitait autour d'elle. « Que c'est beau, nous disait-elle, ces voitures qui font du bruit, ces chevaux qui courent, ces femmes en toilette, ce soleil, cette poussière d'or! On ne peut pas mourir au milieu de tout cela! non! à Paris on ne meurt pas! » Son œil était encore brillant et sa voix pleine. Mais, en approchant de l'arc de triomphe, elle nous dit en redevenant pâle comme la mort : « Je n'irai pas jusque-là. J'en ai assez. » Nous fûmes épouvantées, elle semblait prête à exhaler son dernier souffle. Je fis arrêter la voiture. La malade se ranima. « Retournons, me dit-elle; un autre jour nous irons jusqu'au bois de Boulogne. »

Elle sortit encore plusieurs fois. Elle s'affaiblis-
sait visiblement, mais la crainte de la mort s'éva-
nouissait. Les nuits étaient mauvaises et troublées
par la fièvre et le délire; mais le jour elle semblait
renaître. Elle avait envie de manger de tout; ma
sœur s'inquiétait de ses fantaisies et me grondait de
lui apporter tout ce qu'elle demandait. Je grondais
ma sœur de songer seulement à la contredire, et
elle se rassurait, en effet, en voyant notre pauvre
malade, entourée de fruits et de friandises, se ré-
jouir en les regardant, en les touchant et en disant :
« J'y goûterai tout à l'heure. » Elle n'y goûtait
même pas. Elle en avait joui par les yeux.

Nous la descendions au jardin, et là, sur un fau-
teuil, au soleil, elle tombait dans la rêverie, et
même dans la méditation. Elle attendait d'être seule
avec moi pour me dire à quoi elle pensait : « Ta
sœur est dévote, me disait-elle, et moi je ne le suis
plus du tout depuis que je me figure que je vais
mourir. Je ne veux pas voir la figure d'un prêtre,
entends-tu bien? Je veux, si je dois partir, que tout
soit riant autour de moi. Après tout, pourquoi
craindrais-je de me trouver devant Dieu? Je l'ai
toujours aimé. » Et elle ajoutait avec une vivacité
naïve : « *Il pourra bien me reprocher tout ce qu'il
voudra, mais de ne pas l'avoir aimé, cela, je l'en
défie!* »

Soigner et consoler ma mère mourante ne me

fut pas accordé sans lutte et sans distraction par le destin qui me poursuivait. Mon frère, qui agissait de la manière la plus étrange et la plus contradictoire du monde, m'écrivit : « Je t'avertis à l'insu de ton mari qu'il va partir pour Nohant afin de t'enlever Maurice. Ne me trahis pas, cela me brouillerait avec lui. Mais je crois devoir te mettre en garde contre ses projets. C'est à toi de savoir si ton fils est réellement trop faible pour rentrer au collège. »

Certes, Maurice était hors d'état de rentrer au collège, et je craignais, sur ses nerfs ébranlés, l'effet d'une surprise douloureuse et d'une explication vive avec son père.

Je ne pouvais quitter ma mère. Un de mes amis prit la poste, courut à Ars, et conduisit Maurice à Fontainebleau, où j'allai, sous un nom supposé, l'installer dans une auberge. L'ami qui s'était chargé de me l'amener voulut bien rester près de lui pendant que je revenais auprès de ma malade.

J'arrivai à la maison de santé à sept heures du matin. J'avais voyagé la nuit pour gagner du temps. Je vis la fenêtre ouverte. Je me rappelai celle du boulevard, et je sentis que tout était fini. J'avais embrassé ma mère l'avant-veille pour la dernière fois, et elle m'avait dit : « Je me sens très-bien et j'ai à présent les idées les plus agréables de toute ma vie. Je me mets à aimer la campagne, que je ne pouvais pas souffrir. Cela m'est venu dans ces derniers temps, en coloriant des lithographies pour m'amuser. C'était une belle vue de Suisse, avec des arbres, des montagnes, des chalets, des vaches et des cascades. Cette image-là me revient toûjours, et je la vois bien plus belle qu'elle n'était. Je la vois même plus belle que la nature. Quand je ferme les yeux, je vois des paysages dont tu n'as pas d'idée, et que tu ne pourrais pas décrire; c'est trop beau, c'est trop grand! Et cela change à toute minute pour devenir toujours plus beau. Il faudra que j'aille à Nohant faire des grottes et des cascades dans le petit bois. A présent que Nohant n'appartient plus qu'à toi, je m'y plairai. Tu vas partir dans une quinzaine, n'est-ce pas? Eh bien, je veux m'en aller avec toi. »

Ce jour-là il faisait une chaleur écrasante, et Gaubert nous avait dit : « Tâchez qu'elle ne veuille pas sortir en voiture, à moins qu'il ne pleuve. » La chaleur redoublant, j'avais fait semblant d'aller chercher une voiture et j'étais rentrée disant qu'il était impossible d'en trouver.

— « Au fait, cela m'est égal, avait-elle dit. Je me sens si bien que je n'ai plus envie de me déranger. Va-t'en voir Maurice. Quand tu reviendras, je suis sûre que tu me trouveras guérie. »

Le lendemain elle avait été parfaitement tranquille. A cinq heures de l'après-midi, elle avait dit à ma sœur : « Coiffe-moi, je voudrais être bien coiffée. » Elle s'était regardée au miroir, elle avait souri. Sa main avait laissé retomber le miroir, et son âme s'était envolée. Gaubert m'avait écrit sur-le-champ, mais je m'étais croisée avec sa lettre. J'arrivais pour la trouver *guérie* en effet, guérie de l'effroyable fatigue et de la tâche cruelle de vivre en ce monde.

Pierret ne pleura pas. Comme Deschartres auprès du lit de mort de ma grand'mère, il semblait ne pas comprendre qu'on pût se séparer pour jamais. Il l'accompagna le lendemain au cimetière et revint en riant aux éclats. Puis il cessa brusquement de rire et fondit en larmes.

Pauvre excellent Pierret! Il ne se consola jamais. Il retourna au Cheval blanc, à sa bière et à sa pipe. Il fut toujours gai, brusque, étourdi, bruyant. Il vint me voir à Nohant l'année suivante. C'était toujours le même Pierret à la surface. Mais, tout d'un coup, il me disait : « Parlons donc un peu de votre mère! Vous souvenez-vous..... » et alors il se remémorait tous les détails de sa vie, toutes les singularités de son caractère, toutes les vivacités dont il avait été la victime volontaire, et il citait ses mots, il rappelait ses inflexions de voix, il riait de tout son cœur : et puis il prenait son chapeau et s'en allait sur une plaisanterie. Je le suivais de près, voyant bien l'excitation nerveuse

qui l'emportait, et je le trouvais sanglotant dans
un coin du jardin.

Aussitôt après la mort de ma mère, je retournai
à Fontainebleau, où je passai quelques jours tête à
tête avec Maurice. Il se portait bien, la chaleur avait
dissipé les rhumatismes. Gaubert, qui vint l'y voir,
ne le trouvait cependant pas guéri. Le cœur avait
encore des battements irréguliers. Il fallait la con-
tinuation du régime, l'exercice continuel et pas la
moindre fatigue d'esprit. Nous nous levions avec le
jour et nous partions jusqu'à la nuit sur de petits
chevaux de louage, tous deux seuls, allant à la
découverte dans cette admirable forêt pleine de sites
imprévus, de productions variées, de fleurs splen-
dides et de papillons merveilleux pour mon jeune
naturaliste, qui pouvait se livrer à l'observation et
à la chasse en attendant l'étude. Il avait le goût de
cette science et celui du dessin depuis qu'il était au
monde. C'était un préservatif contre l'ennui d'une
inaction forcée que de jouir de la nature comme il
savait déjà en jouir.

Mais à peine étais-je remise de la crise qui venait
de m'ébranler, qu'une alerte nouvelle vint me surprendre. M. Dudevant avait été en Berry, et n'y
trouvant pas Maurice, il avait emmené Solange.

Comment avait-il pu s'imaginer que j'avais sous-
trait Maurice à sa velléité de le reprendre, pour lui
jouer un mauvais tour? Je ne prétendais le lui ca-

cher que le temps nécessaire pour laisser passer la
mauvaise disposition que mon frère m'avait signalée. J'espérais toujours arriver à ce à quoi je suis
arrivée plus tard, à m'entendre avec lui sur ce qui
était avantageux, nécessaire à l'éducation et à la
santé de notre fils. Qu'au lieu d'aller le chercher en
Berry mystérieusement et en mon absence, il me
l'eût réclamé ouvertement, je l'aurais soumis devant
lui a l'examen de médecins choisis par lui, et il se
fût convaincu de l'impossibilité de le remettre au
collége.

Quoi qu'il en soit, il crut tirer une vengeance
légitime de ce qui n'était chez moi qu'une inquiétude irrésistible, de ce qui à ses yeux fut un désir
de le blesser. Quand l'âme est aigrie, elle se croit
fondée à avoir les torts qu'elle suppose aux autres.

Jamais M. Dudevant n'avait témoigné le moindre
désir d'avoir Solange près de lui. Il avait coutume
de dire : « Je ne me mêle pas de l'éducation des
filles, je n'y entends rien. » S'entendait-il davantage
à celle des garçons? Non, il avait trop de rigidité
dans la volonté pour supporter les inconséquences
sans nombre, les langueurs et les entraînements de
l'enfance. Il n'a jamais aimé la contradiction, et
qu'est-ce qu'un enfant, sinon la contradiction vi-
vante de toutes les prévisions et intentions paternelles? D'ailleurs, ses instincts militaires ne le
portaient pas à s'amuser de ce que l'enfance a

d'ennuyeux et d'impatientant pour toute autre in-
dulgence que celle d'une mère.

Il n'avait donc d'autre projet à l'égard de Maurice que celui d'en faire un collégien et plus tard
un militaire, et en enlevant Solange il n'avait pas
d'autre intention, il me l'a dit lui-même ensuite,
que celle de me la faire chercher.

J'aurais dû me le dire à moi-même et me tran-
quilliser ; mais les circonstances de cet enlèvement
se présentèrent à mon esprit d'une manière poignante, et, dans la réalité, elles avaient été plus
dramatiques que de besoin. La gouvernante avait
été frappée, et ma pauvre petite, épouvantée, avait
été emmenée de force en poussant des cris dont
toute la maison était encore consternée. Solange
n'avait pourtant pas été prévenue par moi contre
son père, comme il se l'imaginait. Pendant la lutte
avec Marie-Louise Rollinat et madame Rollinat
la mère, qui se trouvait là, elle s'était jetée aux
genoux de son père en criant : « Je t'aime, mon
papa, je t'aime, ne m'emmène pas ! » La pauvre
enfant, ne sachant rien, ne comprenait rien.

Les lettres qui me racontaient cette nouvelle
aventure me donnèrent la fièvre. Je courus à Paris,
je confiai Maurice à mon ami M. Louis Viardot,
j'allai trouver le ministre, je me mis en règle ; je
me fis accompagner d'un autre ami et du maître
clerc de mon avoué, M. Vincent, un excellent

jeune homme, plein de cœur et de zèle, aujourd'hui avocat. Je partis en poste, courant jour et nuit vers Guillery. Pendant ces deux journées de préparatifs, le ministre, M. Barthe, avait eu l'obligeance de faire jouer le télégraphe; je savais où était ma fille.

Madame Dudevant était morte un mois auparavant. Elle n'avait pu frustrer mon mari de l'héritage de son père. Elle lui laissait quelques charges qui lui valurent une douzaine de procès et la terre de Guillery, dont il avait déjà pris possession. Que Dieu fasse paix à cette malheureuse femme! Elle avait été bien coupable envers moi, bien plus que je ne veux le dire. Faisons grâce aux morts! Ils deviennent meilleurs, je l'espère, dans un monde meilleur. Si les justes ressentiments de celui-ci peuvent leur en retarder l'accès, il y a longtemps que j'ai crié : « Ouvrez-lui, mon Dieu. »

Et que savons-nous du repentir au lendemain de la mort? Les orthodoxes disent qu'un instant de contrition parfaite peut laver l'âme de toutes ses souillures, même au seuil de l'éternité. Je le crois avec eux; mais pourquoi veulent-ils qu'aussitôt après la séparation de l'âme et du corps, cette douleur du péché, cette expiation suprême, cesse d'être possible? Est-ce que l'âme a perdu, selon eux, sa lumière et sa vie en montant vers le tribunal où Dieu l'appelle pour la juger? Ils ne sont point conséquents, ces catholiques qui regardent la misérable

épreuve de cette vie comme définitive, puisqu'ils
admettent un purgatoire où l'on pleure, où l'on se
repent, où l'on prie.

J'arrivai à Nérac, je courus chez le sous-préfet,
M. Haussman, aujourd'hui préfet de la Seine. Je ne
me rappelle pas s'il était déjà le beau-frère de mon
digne ami M. Artaud. Ce dernier a épousé sa sœur.
Je sais que j'allai lui demander aide et protection,
et qu'il monta sur-le-champ dans ma voiture pour
courir à Guillery, qu'il me fit rendre ma fille sans
bruit et sans querelle, qu'il nous ramena à la sous-
préfecture avec mes compagnons de voyage, et qu'il
ne voulut pas nous permettre de retourner à l'auberge, ni de partir avant deux jours de repos, de
paisibles promenades sur la jolie rivière de Beïse et
le long des rives où la tradition place les jeunes
amours de Florette et de Henri IV. Il me fit dîner
avec d'anciens amis que je fus heureuse de retrouver, et je me souviens que l'on causa beaucoup philosophie, terrain neutre en comparaison de celui de
la politique, où le jeune fonctionnaire ne se fût pas
trouvé d'accord avec nous. C'était un esprit sérieux,
avide de creuser le problème général ; mais un savoir-vivre exquis l'empêcha de soulever aucune
question délicate.

Je me souviens aussi que j'étais si peu versée
dans la philosophie moderne à cette époque, que
j'écoutai sans trouver rien à dire, et qu'au retour

je disais à mon compagnon de route : « Vous avez
discuté avec M. Haussman sur des matières où je
n'entends rien du tout. Je n'ai, par rapport aux
choses présentes, que des sentiments et des instincts. La science des idées nouvelles a des formules
qui me sont étrangères et que je n'apprendrai probablement jamais. Il est trop tard. J'appartiens par
l'esprit à une génération qui a déjà fait son temps. »
Il m'assura que je me trompais, et que, quand j'aurais mis le pied dans un certain cercle de discussion,
je ne pourrais plus m'en arracher. Il se trompait
aussi un peu, mais il est certain que je ne devais
pas tarder à m'y intéresser vivement.

Huit mois se passèrent encore avant que j'eusse
le tranquillité nécessaire à ce genre d'études.

M. Dudevant ayant hérité d'un revenu qu'il
avouait être de 1,200 fr. et qui devait bientôt augmenter du double, il ne me semblait pas juste qu'il
continuât à jouir de la moitié du mien. Il en jugea
autrement, et il fallut discuter encore. Je ne me
serais pas donné tant de peine pour une question
d'argent, si j'avais pu être certaine de suffire à l'é-
ducation de mes deux enfants. Mais le travail littéraire est si éventuel, que je ne voulais pas soumettre leur existence aux chances de mon métier :
banqueroute d'éditeurs, banqueroute de succès ou
de santé. Je voulais amener mon mari à ne plus
s'occuper de Maurice, et il y paraissait disposé.

Puisqu'il se croyait trop gêné pour payer son entretien sans mon aide, je lui proposai de m'en charger
moi-même, et il accepta enfin cette solution par un
contrat définitif, en 1838. Il me fit demander une
somme de cinquante mille francs moyennant laquelle il me rendit la jouissance de l'hôtel de Narbonne, patrimoine de mon père, et celle beaucoup
plus précieuse de garder et gouverner mes deux enfants comme je l'entendrais. Je vendis le coupon
de rente qui avait constitué en partie la pension de
ma mère; nous signâmes cet échange, enchantés
l'un et l'autre de notre lot [1].

Quant à l'argent, le mien ne valait pas grand'-
chose, eu égard au présent. Le collège de Narbonne,
maison historique fort vieille, avait été si peu en-
tretenu et réparé, qu'il me fallut y dépenser près de
cent mille francs pour le remettre en bon rapport.
Je travaillai dix ans pour payer cette somme et
faire de cette maison la dot de ma fille.

Mais, au milieu des grands embarras que me
suscitèrent mes petites propriétés, je ne perdis pas
courage. J'étais devenue à la fois père et mère de
famille. C'est beaucoup de fatigue et de souci quand
l'héritage n'y suffit pas, et qu'il faut exercer une
industrie absorbante comme l'est celle d'écrire pour

[1] Depuis ce temps nous n'avons eu ensemble que de bons
rapports. Il est venu à Nohant pour le mariage de ma fille.

le public. Je ne sais ce que je serais devenue si je
n'avais pas eu, avec la faculté de veiller beaucoup,
l'amour de mon art qui me ranimait à toute heure.
Je commençai à l'aimer le jour où il devint pour
moi, non plus une nécessité personnelle, mais un
devoir austère. Il m'a, non pas consolée, mais distraite de bien des peines, et arrachée à bien des
préoccupations.

Mais que de préoccupations diverses, pour une
tête sans grande variété de ressources, que ces extrêmes de la vie dont il fallut m'occuper simultané-
ment dans ma petite sphère! Le respect de l'art,
les obligations d'honneur, le soin moral et physique
des enfants qui passe toujours avant le reste, le
détail de la maison, les devoirs de l'amitié, de l'as-
sistance et de l'obligeance! Combien les journées
sont courtes pour que le désordre ne s'empare pas
de la famille, de la maison, des affaires ou de la
cervelle! J'y ai fait de mon mieux, et je n'y ai fait
que ce qui est possible à la volonté et à la foi. Je
n'étais pas secondée par une de ces merveilleuses
organisations qui embrassent tout sans effort et qui
vont sans fatigue du lit d'un enfant malade à une
consultation judiciaire, et d'un chapitre de roman
à un registre de comptabilité. J'avais donc dix fois,
cent fois plus de peine qu'il n'y paraissait. Pendant
plusieurs années je ne m'accordai que quatre heures
de sommeil; pendant beaucoup d'autres années je

luttai contre d'atroces migraines jusqu'à tomber en défaillance sur mon travail, et toutes choses n'allèrent pourtant pas toujours au gré de mon zèle et de mon dévouement.

D'où je conclus que le mariage doit être rendu aussi indissoluble que possible; car, pour mener une barque aussi fragile que la sécurité d'une famille sur les flots rétifs de notre société, ce n'est pas trop d'un homme et d'une femme, un père et une mère se partageant la tâche, chacun selon sa capacité.

Mais l'indissolubilité du mariage n'est possible qu'à la condition d'être volontaire, et, pour la rendre volontaire, il faut la rendre possible.

Si, pour sortir de ce cercle vicieux, vous trouvez autre chose que la religion de l'égalité de droits entre l'homme et la femme, vous aurez fait une belle découverte.

CHAPITRE DOUZIÈME

Deux circonstances portent ma pensée, en cet endroit de mon récit, sur deux des hommes les plus
remarquables de notre temps. Ces deux à-propos
sont la mort de Carrel, qui eut lieu presque le même
jour que mon procès à Bourges, en 1836, et la question du mariage, que je viens d'effleurer à propos
de ma propre histoire. C'est de M. Émile de Girardin qu'il sagit. M. de Girardin journaliste, M. de
Girardin législateur, dirai-je M. de Girardin politique et philosophique? Le titre de journaliste em-
brasse peut-être tous les autres.

Jusqu'à ce jour, le dix-neuvième siècle a eu deux
grands journalistes, Armand Carrel, Émile de Girardin. Par une mystérieuse et poignante fatalité,

l'un a tué l'autre, et, chose plus frappante encore, le vainqueur de ce déplorable combat, jeune alors et en apparence inférieur au vaincu sous le rapport de l'étendue du talent, est arrivé à le dépasser de toute l'étendue du progrès qui s'est accompli dans les idées générales et qui s'est fait en lui-même. Si Carrel eût vécu, eût-il subi la loi de ce progrès ? Espérons-le ; mais soyons sans prévention, et avouons que, fût-il resté ce qu'il était à la veille de sa mort, il nous paraîtrait, je parle à ceux qui voient comme moi, singulièrement arriéré.

Émile de Girardin ne s'est pas arrêté dans sa marche, bien qu'il ait paru, qu'il ait peut-être été emporté par des courants contraires en de certains élans de sa ligne ascendante.

Si bien que, sans dire une énormité, ni chercher un paradoxe, on pourrait entrevoir un incompréhensible dessein de la Providence, non pas dans ce fait douloureux et à jamais regrettable de la mort de Carrel, mais dans cet héritage de son génie recueilli précisément par son adversaire consterné.

Quel eût été le rôle de Carrel en 1848 ? Cette question s'est souvent posée dans nos esprits à cette époque. Mes souvenirs me le présentaient comme l'ennemi-né du socialisme. Les souvenirs de mes amis combattaient le mien, et la fin de nos commentaires était qu'ayant un grand cœur, il aurait pu être illuminé de quelque grande lumière.

Mais il est certain qu'en 1847 Émile de Girardin était, relativement au mouvement accompli dans les esprits et dans le sien propre depuis dix ans, ce qu'était Armand Carrel dix ans auparavant.

Il l'a dépassé depuis, relativement et réellement : il l'a immensément dépassé.

Ce n'est pas un vain parallèle que je veux établir ici entre deux caractères très-opposés dans leurs instincts et deux talents très-différents dans leurs manières. C'est un rapprochement qui me frappe, qui m'a frappée souvent, et qui me semble amené par la fatalité des situations.

Carrel, sous la république, se fût prononcé pour la présidence, à moins que Carrel n'eût bien changé ! Carrel eût peut-être été président de la république. M. de Girardin eût probablement soutenu un autre candidat ; mais ce n'est pas la question de l'institution qui les eût divisés.

Jusque-là, sans s'en apercevoir, M. de Girardin n'avait donc pas été plus loin que Carrel ; mais personne dans nos rangs ne s'apercevait que Carrel n'avait pas été plus loin que M. de Girardin.

Je n'ai pas connu particulièrement Carrel. Je ne lui ai jamais parlé, bien que je l'aie rencontré souvent ; mais je me rappellerai toute ma vie une heure de conversation entre Éverard et lui, à laquelle j'assistai sans qu'il me vît. Je lisais dans l'embrasure d'une fenêtre, le rideau était tombé de lui-

même sur moi lorsqu'il entra. Ils parlèrent du
peuple. Je fus abasourdie. Carrel n'avait pas la
notion du progrès! Ils ne furent pas d'accord. Éverard l'influença, puis, à son tour, il fut influencé
par lui. Le plus faible entraîna le plus fort, cela se
voit souvent.

Après avoir parcouru bien des horizons depuis
ce jour-là, Éverard, en 1847, était revenu s'enfermer dans l'horizon limité de Carrel.

En voyant ces fluctuations des grands esprits,
les partisans s'alarment, s'étonnent ou s'indignent.
Les plus impatients crient à la défection, à la trahi-
son. Les derniers jours de Carrel furent empoi-
sonnés par ces injustices. Éverard réagit et lutta
jusqu'à sa fin contre des soupçons amers. M. de
Girardin, plus accusé, plus insulté, plus haï encore
par toutes les nuances des partis, est seul resté
debout. Il est aujourd'hui, en France, le champion
des théories les plus audacieuses et les plus généreuses sur la liberté. Ainsi le voulait la destinée en
le douant d'une force supérieure à celle de ses
adversaires.

Il faudrait pouvoir retrancher de nos mœurs politiques la prévention, l'impatience et la colère. Les
idées que nous poursuivons ne trouveront leur
triomphe que dans des consciences équitables et
généreuses. Qu'un homme comme Carrel ait été
outragé et navré par des lettres de reproches et de

menaces impies, que tant d'autres, également purs,
aient été accusés d'ambition cupide ou de lâcheté
de caractère, c'est, dit-on, l'inévitable écume qui
court sur le flot débordé des passions. On ajoute
qu'il faut en prendre son parti, et que toute révolution est à ce prix amer.

Eh bien, non, n'en prenons plus notre parti.
Excusons ces égarements inévitables dans le passé,
ne les acceptons plus pour l'avenir. Disons-nous
une bonne fois qu'aucun parti, même le nôtre, ne
gouvernera longtemps par la haine, la violence et
l'insulte. N'admettons plus que les républiques doivent être ombrageuses et les dictatures vindicatives.
Ne rêvons plus le progrès à la condition d'y marcher en nous soupçonnant, en nous flagellant les
uns les autres. Laissons au passé ses ténèbres, ses
emportements, ses grossièretés. Admettons que les
hommes qui ont fait de grandes choses, ou qui
ont eu seulement de grandes idées ou de grands
sentiments, ne doivent pas être accusés à la légère
et qu'ils doivent toujours l'être avec mesure. Soyons
assez intelligents pour apprécier ces hommes au
point de vue de l'ensemble de l'histoire; voyons
leur puissance et ses limites naturelles, fatales.
Vouloir qu'à toutes les heures de sa vie un homme
supérieur réponde à l'idéal qu'il nous a fait entrevoir, c'est faire le procès à Dieu même, qui a créé
l'homme incertain et limité. Que nos suffrages,

dans un état libre, ne se portent pas sur celui dont
à une certaine heure l'esprit défaille, hésite ou
s'égare, c'est notre droit. Mais, en l'éloignant pour
un instant de notre route, rendons-lui encore hommage en songeant que demain peut-être nos destins
auront besoin de l'homme qui s'est reposé dans le
scrupule ou dans la prudence [1].

Quand nos mœurs politiques auront fait ce progrès, quand les luttes de la popularité n'auront
plus pour armes l'injure, l'ingratitude et la calomnie, nous ne verrons plus de défections importantes,
soyez-en certains. Les défections sont presque toujours des réactions de l'orgueil blessé, des actes de
dépit. Ah! je l'ai vu cent fois! Tel homme qui,
respecté et ménagé dans son caractère, eût marché
dans le droit chemin, s'est violemment séparé de
ses coreligionnaires à cause d'une parole blessante,
et les plus grands caractères ne sont pas à l'abri de
la cuisante blessure d'une attaque contre l'honneur,
ou seulement d'une critique brutale contre leur
sagesse. Je ne peux pas citer les exemples trop
rapprochés de nous, mais vous en avez certainement vu vous-même, quel que soit votre milieu.
De funestes déterminations ont dû être prises devant
vous, qui tenaient à un fil bien délié!

Et cela n'est-il pas dans la nature humaine? On

[1] C'est ainsi qu'il faut juger M. de Lamartine.

devient insensiblement l'ennemi de l'homme qui
s'est déclaré votre ennemi. S'il s'acharne, quelle
que soit votre patience, vous arrivez peu à peu à le
croire aveugle et injuste en toutes choses, du moment qu'il est injuste et aveugle envers vous. Ses
idées mêmes vous deviennent antipathiques en
même temps que son langage. Vous différiez sur
quelques points au début, et voilà que les croyances
mêmes qui vous étaient communes vous apparaissent
douteuses, du moment qu'il leur a donné des formules qui semblent être la critique ou la négation
des vôtres. Vous partez d'un jeu de mots et vous
finissez par du sang. Les duels n'ont souvent pas
d'autre cause, et il y a des duels de parti à parti
qui ensanglantent la place publique.

Quel est le plus grand coupable dans ces funestes
embrasements de l'histoire? Le premier qui dit à son
frère *Raca*. Si Abel eût dit le premier cette parole à
Caïn, c'est lui que Dieu eût puni comme le premier
meurtrier de la race humaine.

Ces réflexions qui m'entraînent ne sont pas hors
de propos quand je me rappelle la mort de Carrel,
la douleur d'Éverard et la haine de notre parti contre M. de Girardin. Si nous eussions été justes, si
nous eussions reconnu que M. de Girardin ne pouvait pas refuser de se battre sérieusement avec Carrel, comme il était pourtant bien facile de s'en
convaincre en examinant les faits; si, après avoir

traité Carrel d'esprit lâche et poltron, on n'eût pas
traité son adversaire de spadassin et d'assassin, il
ne nous eût pas fallu vingt ans pour nous emparer
de notre bien légitime, c'est-à-dire du secours de
cette grande puissance et de cette grande lumière
qu'Émile de Girardin portait en lui, et devait porter tout seul sur le chemin qui conduit à notre but
commun.

Que de méfiances et de préventions contre lui!
Je les ai subies, moi aussi; non pas pour ce fait du
duel, d'où, dangereusement blessé lui-même, il
remporta la blessure plus profonde encore d'une
irréparable douleur: quand des voix ardentes s'éle-
vaient autour de moi pour s'écrier : « Quoi qu'il y
ait, on ne tue pas Carrel! on ne doit pas tuer Carrel! » je me rappelais que M. de Girardin, ayant
essuyé le feu de M. Degouve-Dennuques, avait re-
fusé de le viser, et que cet acte, digne de Carrel
parce qu'il était chevaleresque, avait été considéré
comme une injure parce qu'il venait d'un ennemi
politique. Quant à la cause du duel, il est impossible que les témoins eussent pu la trouver suffisante,
si Carrel ne les y eût contraints par son obstination.
Sans aucun doute, Carrel était aigri et voulait arracher une humiliation plutôt qu'une réparation.
Encore était-ce la réparation d'un tort peut-être
imaginaire. — Quant aux suites du duel, elles
furent navrantes et honorables pour M. de Girar-

din. Il fut insulté par les amis de Carrel, et pour toute vengeance il porta le deuil de Carrel.

Ce n'était donc pas là le motif de notre antipathie, et Éverard lui-même, en pleurant Carrel qu'il chérissait, rendait justice à la loyauté de l'adversaire, quand il était de sang-froid. Mais il nous semblait voir, dans ce génie pratique qui commençait à se révéler, l'ennemi-né de nos utopies. Nous ne nous trompions pas. Un abîme nous séparait alors. Nous sépare-t-il encore? Oui, sur des questions de sentiment, sur des rêves d'idéal ; et, quant à moi, sur la question du mariage, après mûre réflexion, je n'hésite pas à le dire : M. de Girardin socialiste, c'est-à-dire touchant aux questions vitales de la famille dans un livre admirable quant à la politique et à l'esprit des législations, laisse dans l'ombre ou jette dans de téméraires aperçus ce grand dogme de l'amour et de la maternité. Il n'admet qu'une mère et des enfants dans la constitution de la famille. J'ai dit plus haut, je dirai encore ailleurs, toujours et partout, qu'il faut un père et une mère.

Mais une discussion nous mènerait trop loin, et tout ceci est une digression à mon histoire. Je ne la regrette pas, et je ne la retranche pas; mais il faut que, remettant encore à un autre cadre l'appréciation de cette nouvelle figure historique, apparue un instant dans mon récit, je résume ce peu de pages.

Carrel disparut, emporté par la destinée, et non pas immolé par un ennemi. Un grand journaliste, c'est-à-dire un de ces hommes de synthèse qui font, au jour le jour, l'histoire de leur époque en la rattachant au passé et à l'avenir, à travers les inspirations ou les lassitudes du génie, laissa tomber le flambeau qu'il portait dans le sang de son adversaire et dans le sien propre. L'adversaire lava ce sang de ses larmes et ramassa le flambeau. Le tenir élevé n'était pas chose facile après une telle catastrophe. La lumière vacilla longtemps dans ses mains éperdues. Le souffle des passions a pu l'obscurcir ou la faire dévier; mais elle devait vivre, et nous eussions dû la saluer plus tôt. Nous ne l'avons pas fait, et elle a vécu quand même. La mission de l'héritier de Carrel s'est ennoblie dans la tempête. Au jour des catastrophes elle a été chevaleresque et généreuse. Un moment est venu où lui seul a pu montrer, en France, le courage et la foi que Carrel eût sans doute été forcé de refouler au fond de son cœur, puisque Carrel n'eût pu se défendre du devoir de saisir, à un moment donné, le pouvoir pour son compte. M. de Girardin a eu le rare bonheur de n'y pas être contraint. C'est quelquefois un grand honneur aussi[1].

[1] Au moment où je corrige ces épreuves, une douloureuse nouvelle vient me frapper. Madame de Girardin est morte, elle que je laissais malade il y a un mois, mais encore

Revenons à Éverard. Trois ans s'étaient écoulés depuis qu'Éverard avait pris une grande influence morale sur mon esprit. Il la perdit pour des causes que je n'ai pas attendu jusqu'à ce jour pour oublier. Oublier est bien le mot, car la netteté des souvenirs est quelquefois encore du ressentiment. Je sais en gros que ces causes furent de diverse nature : d'une part, ses velléités d'*ambition*, il se servait toujours de ce mot-là pour exprimer ses violents et fugitifs besoins d'activité ; de l'autre, les emportements trop réitérés de son caractère, aigri souvent par l'inaction ou les déceptions.

Quant à l'innocente ambition de siéger à la Chambre des députés et d'y prendre de l'influence, je ne la désapprouvais nullement ; mais j'avoue qu'elle me gâtait un peu mon vieux Éverard, car c'est

rayonnante de beauté, d'intelligence, de grâce et de bonté : car elle était bonne, bien vraiment bonne ! Tout le monde sait qu'elle avait du génie ; mais cette tendresse délicate, cette fibre d'exquise maternité que ses ouvrages dramatiques venaient de révéler, ses amis seuls la connaissaient déjà. Pour moi, j'ai été à même de l'apprécier profondément. Elle a pleuré avec nous la plus douloureuse des pertes, celle d'un enfant adoré, et pleuré si naïvement, si ardemment ! Elle n'avait pourtant pas été mère, et ce n'est pas l'intelligence toute seule qui révèle à une femme ce que les mères doivent souffrir. C'est le cœur, c'est le génie de la tendresse, et madame de Girardin avait ce génie-là pour couronnement d'une admirable organisation.

comme vieillard, aux heures où sa figure altérée
marquait soixante ans, que je le chérissais d'une
affection presque filiale, parce que, dans ces moments-là, il était doux, vrai, simple, candide et
tout rempli d'idéal divin. Était-ce alors qu'il était
lui-même? C'est ce que je n'ai jamais pu savoir. Il
était sincère à coup sûr dans tous ses aspects; mais
quelle eût été sa vraie nature si son organisation
eût été régulière, c'est-à-dire si un mal chronique
ne l'eût pas fait passer par de continuelles alternatives de fièvre et de langueur? L'exaltation maladive me le rendait, je ne dirai pas antipathique,
mais comme étranger. C'est lorsqu'il redevenait
jeune, actif, ardent au petit combat de la politique
d'actualité que j'éprouvais l'invincible besoin de ne
pas trop m'intéresser à lui.

C'est cette indifférence à ce qu'il regardait alors
comme l'intérêt puissant de sa vie qu'il ne me par-
donnait qu'après des bouderies ou des reproches.
Pour éviter le retour de ces querelles, je ne provo-
quais ni ses lettres, ni ses visites. Elles devinrent
de plus en plus rares. Il fut nommé député. Son
début à la Chambre le posa, dans une question de
propriété particulière que je ne me rappelle pas
bien, comme raisonneur habile plus que comme
orateur politique. Son rôle y fut effacé, selon moi.
Je ne voulais pas le tourmenter. D'un homme comme
lui on pouvait attendre le réveil sans inquiétude.

Nous fûmes des mois entiers sans nous voir et sans nous écrire. J'étais fixée à Nohant. Il y apparut toujours de loin en loin jusque vers la révolution de février. Dans les dernières entrevues, nous n'étions plus d'accord sur le fond des choses. J'avais un peu étudié et médité mon idéal; il semblait avoir écarté le sien pour revenir à un siècle en arrière de la révolution. Il ne fallait pas lui rappeler le pont des Saints-Pères. Il eût affirmé par serment et de bonne foi que j'avais rêvé, ainsi que Planet. Il s'irritait quand je voulais lui prouver que j'avais gardé et amélioré mes sentiments, et qu'il avait laissé reculer et obscurcir les siens. Il raillait mon socialisme avec un peu d'amertume, et cependant il redevenait aisément tendre et paternel. Alors je lui prédisais qu'un jour il redeviendrait socialiste, et qu'outre-passant le but il me reprocherait ma modération. Cela fût arrivé certainement s'il eût vécu.

L'absence ni la mort ne détruisent les grandes amitiés; la mienne lui resta et lui reste en dépit de tout. Je ne fus jamais brouillée avec lui, et il le fut pourtant avec moi dans les dernières années de sa vie. Je dirai pourquoi.

Il voulait être commissaire à Bourges sous le gouvernement provisoire. Il ne le fut pas et s'en prit à moi. Il me supposait auprès du ministre de l'intérieur une influence que j'étais loin d'avoir. M. Ledru-Rollin n'avait pas coutume de me con-

11.

sulter sur ses décisions politiques. Quelques personnes l'ont dit : ce fut une mauvaise plaisanterie.
Éverard eut la simplicité de le croire sur des commentaires de province.

Mais, pour être dans la vérité et dans la sincérité absolue, je dus ne pas lui cacher que si j'avais
eu cette influence et si j'avais été consultée, ou,
pour mieux dire, si j'avais été le ministre en personne, je n'eusse pas raisonné ni agi autrement que
n'avait fait le ministre. Je poussai la loyauté jusqu'à lui écrire que, M. Ledru-Rollin ayant pris cette
détermination et la déclarant après coup dans une
conversation à laquelle je me trouvais présente,
j'avais trouvé sérieux et justes les motifs qu'il en
avait donnés. — Éverard, je l'ai dit déjà, et je le
lui disais à lui-même, avait été surpris par la république dans une phase d'antipathie marquée pour
les idées qui devaient, qui eussent dû faire vivre la
république. Il eût pu redevenir l'homme du lendemain ; mobile et sincère comme il l'était, on ne devait guère être en peine de son retour, et, dans tous
les cas, on pouvait bien l'attendre sans compro-
mettre l'avenir d'une puissance comme la sienne.
Mais, à coup sûr, il n'était pas l'homme de ce
jour-là, du jour où nous étions, jour de foi entière
et d'aspiration illimitée vers des principes rejetés la
veille par Éverard.

Je ne m'étais pas trompée. Sous la pression des

circonstances, Éverard était à un des faîtes de la
montagne, lorsque la violence des événements l'en
fit descendre sans espoir d'y jamais remonter : la
cruelle mort l'attendait. On m'a dit qu'il ne m'avait
jamais pardonné ma sincérité. Eh bien, je crois le
contraire. Je crois que son cœur a été juste et sa
raison lucide à un moment donné connu de lui seul.
Aujourd'hui que je vois son âme face à face, je suis
bien tranquille.

Il est une autre âme, non moins belle et pure
dans son essence, non moins malade et troublée
dans ce monde, que je retrouve avec autant de placidité dans mes entretiens avec les morts, et dans
mon attente de ce monde meilleur où nous devons
nous reconnaître tous au rayon d'une lumière plus
vive et plus divine que celle de la terre.

Je parle de Frédéric Chopin, qui fut l'hôte des
huit dernières années de ma vie de retraite à Nohant
sous la monarchie.

En 1838, dès que Maurice m'eut été définitivement confié, je me décidai à chercher pour lui un
hiver plus doux que le nôtre. J'espérais le préserver
ainsi du retour des rhumatismes cruels de l'année
précédente. Je voulais trouver, en même temps, un
lieu tranquille où je pusse le faire travailler un peu,
ainsi que sa sœur, et travailler moi-même sans
excès. On gagne bien du temps quand on ne voit
personne, ou est forcé de veiller beaucoup moins,

Comme je faisais mes projets et mes préparatifs
de départ, Chopin, que je voyais tous les jours et
dont j'aimais tendrement le génie et le caractère,
me dit à plusieurs reprises que, s'il était à la place
de Maurice, il serait bientôt guéri lui-même. Je le
crus, et je me trompai. Je ne le mis pas dans le
voyage à la place de Maurice, mais à côté de Maurice. Ses amis le pressaient depuis longtemps d'aller
passer quelque temps dans le midi de l'Europe. On
le croyait phthisique. Gaubert l'examina et me jura
qu'il ne l'était pas. « Vous le sauverez, en effet, me
dit-il, si vous lui donnez de l'air, de la promenade
et du repos. » Les autres, sachant bien que jamais
Chopin ne se déciderait à quitter le monde et la
vie de Paris sans qu'une personne aimée de lui et
dévouée à lui ne l'y entrainât, me pressèrent vivement de ne pas repousser le désir qu'il manifestait
si à propos et d'une façon tout inespérée.

J'eus tort, par le fait, de céder à leur espérance
et à ma propre sollicitude. C'était bien assez de
m'en aller seule à l'étranger avec deux enfants,
l'un déjà malade, l'autre exubérant de santé et de
turbulence, sans prendre encore un tourment de
cœur et une responsabilité de médecin.

Mais Chopin était dans un moment de santé qui
rassurait tout le monde. Excepté Grzymala, qui ne
s'y trompait pas trop, nous avions tous confiance. Je
priai cependant Chopin de bien consulter ses forces

morales, car il n'avait jamais envisagé sans effroi, depuis plusieurs années, l'idée de quitter Paris, son médecin, ses relations, son appartement même et son piano. C'était l'homme des habitudes impérieuses, et tout changement, si petit qu'il fût, était un événement terrible dans sa vie.

Je partis avec mes enfants, en lui disant que je passerais quelques jours à Perpignan, si je ne l'y trouvais pas; et que s'il n'y venait pas au bout d'un certain délai, je passerais en Espagne. J'avais choisi Majorque sur la foi de personnes qui croyaient bien connaître le climat et les ressources du pays, et qui ne les connaissaient pas du tout.

Mendizabal, notre ami commun, un homme excellent autant que célèbre, devait se rendre à Madrid et accompagner Chopin jusqu'à la frontière, au cas où il donnerait suite à son rêve de voyage.

Je m'en allai donc avec mes enfants et une femme de chambre dans le courant de novembre. Je m'arrêtai le premier soir au Plessis, où j'embrassai avec joie ma mère Angèle et toute cette bonne et chère famille qui m'avait ouvert les bras quinze ans auparavant. Je trouvai les fillettes grandes, belles et mariées. Tonine, ma préférée, était à la fois superbe et charmante. Mon pauvre père James était goutteux et marchait sur des béquilles. J'embrassai le père et la fille pour la dernière fois ! Tonine devait mourir à la suite de sa première maternité, son père à peu près dans le même temps.

Nous fîmes un grand détour, voyageant pour voyager. Nous revîmes à Lyon notre amie l'éminente artiste madame Montgolfier, Théodore de Seynes, etc., et descendîmes le Rhône jusqu'à Avignon, d'où nous courûmes à Vaucluse, une des plus belles choses du monde, et qui mérite bien l'amour de Pétrarque et l'immortalité de ses vers. De là, traversant le Midi, saluant le pont du Gard, nous arrêtant quelques jours à Nîmes pour embrasser notre cher précepteur et ami Boucoiran et pour faire connaissance avec madame d'Oribeau, une femme charmante que je devais conserver pour amie, nous gagnâmes Perpignan, où dès le lendemain nous vîmes arriver Chopin. Il avait très-bien supporté le voyage. Il ne souffrit pas trop de la navigation jusqu'à Barcelone, ni de Barcelone jusqu'à Palma. Le temps était calme, la mer excellente ; nous sentions la chaleur augmenter d'heure en heure. Maurice supportait la mer presque aussi bien que moi, Solange moins bien ; mais, à la vue des côtes escarpées de l'île, dentelées au soleil du matin par les aloès et les palmiers, elle se mit à courir sur le pont, joyeuse et fraîche comme le matin même.

J'ai peu à dire ici sur Majorque, ayant écrit un gros volume sur ce voyage. J'y ai raconté mes angoisses relativement au malade que j'accompagnais.

Dès que l'hiver se fit, et il se déclara tout à coup
par des pluies torrentielles, Chopin présenta, subitement aussi, tous les caractères de l'affection pulmonaire. Je ne sais ce que je serais devenue si les
rhumatismes se fussent emparés de Maurice; nous
n'avions aucun médecin qui nous inspirât confiance,
et les plus simples remèdes étaient presque impossibles à se procurer. Le sucre même était souvent
de mauvaise qualité et rendait malade.

Grâce au ciel, Maurice, affrontant du matin au
soir la pluie et le vent, avec sa sœur, recouvra une
santé parfaite. Ni Solange ni moi ne redoutions les
chemins inondés et les averses. Nous avions trouvé
dans une chartreuse abandonnée et ruinée en partie
un logement sain et des plus pittoresques. Je donnais des leçons aux enfants dans la matinée. Ils
couraient tout le reste du jour, pendant que je tra-
vaillais; le soir, nous courions ensemble dans les
cloîtres au clair de la lune, ou nous lisions dans les
cellules. Notre existence eût été fort agréable dans
cette solitude romantique, en dépit de la sauvagerie
du pays et de la chiperie des habitants, si ce triste
spectacle des souffrances de notre compagnon et
certains jours d'inquiétude sérieuse pour sa vie ne
m'eussent ôté forcément tout le plaisir et tout le
bénéfice du voyage.

Le pauvre grand artiste était un malade détes-
table. Ce que j'avais redouté, pas assez malheureu-

sement, arriva. Il se démoralisa d'une manière
complète. Supportant la souffrance avec assez de
courage, il ne pouvait vaincre l'inquiétude de son
imagination. Le cloître était pour lui plein de terreurs et de fantômes, même quand il se portait bien.
Il ne le disait pas, et il me fallut le deviner. Au
retour de mes explorations nocturnes dans les ruines
avec mes enfants, je le trouvais, à dix heures du
soir, pâle devant son piano, les yeux hagards et les
cheveux comme dressés sur la tête. Il lui fallait
quelques instants pour nous reconnaître.

Il faisait ensuite un effort pour rire, et il nous
jouait des choses sublimes qu'il venait de composer,
ou, pour mieux dire, des idées terribles ou déchi-
rantes qui venaient de s'emparer de lui, comme à
son insu, dans cette heure de solitude, de tristesse
et d'effroi.

C'est là qu'il a composé les plus belles de ces
courtes pages qu'il intitulait modestement des pré-
ludes. Ce sont des chefs-d'œuvre. Plusieurs présen-
tent à la pensée des visions de moines trépassés et
l'audition des chants funèbres qui l'assiégeaient;
d'autres sont mélancoliques et suaves; ils lui venaient aux heures de soleil et de santé, au bruit du
rire des enfants sous la fenêtre, au son lointain des
guitares, au chant des oiseaux sous la feuillée
humide, à la vue des petites roses pâles épanouies
sur la neige.

D'autres encore sont d'une tristesse morne et, en
vous charmant l'oreille, vous navrent le cœur. Il y
en a un qui lui vint par une soirée de pluie lugubre
et qui jette dans l'âme un abattement effroyable.
Nous l'avions laissé bien portant ce jour-là, Maurice et moi, pour aller à Palma acheter des objets
nécessaires à notre campement. La pluie était venue, les torrents avaient débordé ; nous avions
fait trois lieues en six heures pour revenir au milieu
de l'inondation, et nous arrivions en pleine nuit,
sans chaussures, abandonnés de notre voiturin, à
travers des dangers inouïs [1]. Nous nous hâtions en
vue de l'inquiétude de notre malade. Elle avait été
vive, en effet, mais elle s'était comme figée en une
sorte de désespérance tranquille, et il jouait son
admirable prélude en pleurant. En nous voyant
entrer, il se leva en jetant un grand cri, puis il
nous dit d'un air égaré et d'un ton étrange : « Ah!
je le savais bien, que vous étiez morts! »

Quand il eut repris ses esprits et qu'il vit l'état
où nous étions, il fut malade du spectacle rétrospectif
de nos dangers ; mais il m'avoua ensuite qu'en nous
attendant il avait vu tout cela dans un rêve, et que,
ne distinguant plus ce rêve de la réalité, il s'était
calmé et comme assoupi en jouant du piano, persuadé qu'il était mort lui-même. Il se voyait noyé

[1] Voyez un *Hiver dans le midi de l'Europe*, par G. Sand.

dans un lac; des gouttes d'eau pesantes et glacées
lui tombaient en mesure sur la poitrine, et quand je
lui fis écouter le bruit de ces gouttes d'eau, qui
tombaient en effet en mesure sur le toit, il nia les
avoir entendues. Il se fâcha même de ce que je tra-
duisais par le mot d'harmonie imitative. Il protes-
tait de toutes ses forces, et il avait raison, contre
la puérilité de ces imitations pour l'oreille. Son
génie était plein des mystérieuses harmonies de la
nature, traduites par des équivalents sublimes dans
sa pensée musicale et non par une répétition ser-
vile des sons extérieurs [1]. Sa composition de ce soir-
là était bien pleine des gouttes de pluie qui réson-
naient sur les tuiles sonores de la Chartreuse, mais
elles s'étaient traduites dans son imagination et
dans son chant par des larmes tombant du ciel sur
son cœur.

Le génie de Chopin est le plus profond et le plus
plein de sentiments et d'émotions qui ait existé. Il
a fait parler à un seul instrument la langue de l'infini; il a pu souvent résumer, en dix lignes qu'un
enfant pourrait jouer, des poëmes d'une élévation
immense, des drames d'une énergie sans égale. Il
n'a jamais eu besoin des grands moyens matériels
pour donner le mot de son génie. Il ne lui a fallu

[1] J'ai donné, dans *Consuelo*, une définition de cette dis-
tinction musicale qui l'a pleinement satisfait, et qui, par
conséquent, doit être claire.

ni saxophones ni ophicléides pour remplir l'âme de
terreur ; ni orgues d'église, ni voix humaines pour
la remplir de foi et d'enthousiasme. Il n'a pas été
connu et il ne l'est pas encore de la foule. Il faut
de grands progrès dans le goût et l'intelligence de
l'art pour que ses œuvres deviennent populaires. Un
jour viendra où l'on orchestrera sa musique sans
rien changer à sa partition de piano, et où tout le
monde saura que ce génie aussi vaste, aussi complet, aussi savant que celui des plus grands maîtres
qu'il s'était assimilés, a gardé une individualité
encore plus exquise que celle de Sébastien Bach,
encore plus puissante que celle de Beethowen, encore plus dramatique que celle de Weber. Il est tous
les trois ensemble, et il est encore lui-même, c'est-
à-dire plus délié dans le goût, plus austère dans le
grand, plus déchirant dans la douleur. Mozart seul
lui est supérieur, parce que Mozart a en plus le
calme de la santé, par conséquent la plénitude de
la vie.

Chopin sentait sa puissance et sa faiblesse. Sa
faiblesse était dans l'excès même de cette puissance
qu'il ne pouvait régler. Il ne pouvait pas faire,
comme Mozart (au reste Mozart seul a pu le faire),
un chef-d'œuvre avec une teinte plate. Sa musique
était pleine de nuances et d'imprévu. Quelquefois,
rarement, elle était bizarre, mystérieuse et tour-
mentée. Quoiqu'il eût horreur de ce que l'on ne

comprend pas, ses émotions excessives l'empor-
taient à son insu dans des régions connues de lui
seul. J'étais peut-être pour lui un mauvais arbitre
(car il me consultait comme Molière sa servante),
parce que, à force de le connaître, j'en étais venue
à pouvoir m'identifier à toutes les fibres de son organisation. Pendant huit ans, en m'initiant chaque
jour au secret de son inspiration ou de sa méditation musicale, son piano me révélait les entraînements, les embarras, les victoires ou les tortures
de sa pensée. Je le comprenais donc comme il se
comprenait lui-même, et un juge plus étranger à
lui-même l'eût forcé à être plus intelligible pour
tous.

Il avait eu quelquefois des idées riantes et toutes
rondes dans sa jeunesse. Il a fait des chansons po-
lonaises et des romances inédites d'une charmante
bonhomie ou d'une adorable douceur. Quelques-
unes de ses compositions ultérieures sont encore
comme des sources de cristal où se mire un clair
soleil. Mais qu'elles sont rares et courtes, ces tranquilles extases de sa contemplation! Le chant de
l'alouette dans le ciel et le moelleux flottement du
cygne sur les eaux immobiles sont pour lui comme
des éclairs de la beauté dans la sérénité. Le cri de
l'aigle plaintif et affamé sur les rochers de Majorque, le sifflement amer de la bise et la morne
désolation des ifs couverts de neige l'attristaient

bien plus longtemps et bien plus vivement que ne
le réjouissaient le parfum des orangers, la grâce des
pampres et la cantilène mauresque des laboureurs.

Il en était ainsi de son caractère en toutes choses.
Sensible un instant aux douceurs de l'affection et
aux sourires de la destinée, il était froissé des jours,
des semaines entières par la maladresse d'un indifférent ou par les menues contrariétés de la vie réelle.
Et, chose étrange, une véritable douleur ne le brisait pas autant qu'une petite. Il semblait qu'il n'eût
pas la force de la comprendre d'abord et de la ressentir ensuite. La profondeur de ses émotions n'était
donc nullement en rapport avec leurs causes. Quant
à sa déplorable santé, il l'acceptait héroïquement
dans les dangers réels, et il s'en tourmentait misé-
rablement dans les altérations insignifiantes. Ceci
est l'histoire et le destin de tous les êtres en qui le
système nerveux est développé avec excès.

Avec le sentiment exagéré des détails, l'horreur
de la misère et les besoins d'un bien-être raffiné, il
prit naturellement Majorque en horreur au bout de
peu de jours de maladie. Il n'y avait pas moyen de
se remettre en route, il était trop faible. Quand il
fut mieux, les vents contraires régnèrent sur la
côte, et pendant trois semaines le bateau à vapeur
ne put sortir du port. C'était l'unique embarcation
possible, et encore ne l'était-elle guère.

Notre séjour à la Chartreuse de Valdemosa fut

donc un supplice pour lui et un tourment pour moi.
Doux, enjoué, charmant dans le monde, Chopin
malade était désespérant dans l'intimité exclusive.
Nulle âme n'était plus noble, plus délicate, plus
désintéressée ; nul commerce plus fidèle et plus
loyal, nul esprit plus brillant dans la gaieté, nulle
intelligence plus sérieuse et plus complète dans ce
qui était de son domaine ; mais en revanche, hélas !
nulle humeur n'était plus inégale, nulle imagination
plus ombrageuse et plus délirante, nulle susceptibi-
lité plus impossible à ne pas irriter, nulle exigence
de cœur plus impossible à satisfaire. Et rien de tout
cela n'était sa faute, à lui. C'était celle de son mal.
Son esprit était écorché vif ; le pli d'une feuille de
rose, l'ombre d'une mouche le faisaient saigner.
Excepté moi et mes enfants, tout lui était antipathique et révoltant sous le ciel de l'Espagne. Il
mourait de l'impatience du départ, bien plus que
des inconvénients du séjour.

Nous pûmes enfin nous rendre à Barcelone et
de là, par mer encore, à Marseille, à la fin de
l'hiver. Je quittai la Chartreuse avec un mélange
de joie et de douleur. J'y aurais bien passé deux ou
trois ans, seule avec mes enfants. Nous avions une
malle de bons livres élémentaires que j'avais le
temps de leur expliquer. Le ciel devenait magnifique et l'île un lieu enchanté. Notre installation
romantique nous charmait ; Maurice se fortifiait à

vue d'œil, et nous ne faisions que rire des priva-
tions pour notre compte. J'aurais eu de bonnes
heures de travail sans distraction ; je lisais de beaux
ouvrages de philosophie et d'histoire quand je n'é-
tais pas garde-malade, et le malade lui-même eût
été adorablement bon s'il eût pu guérir. De quelle
poésie sa musique remplissait ce sanctuaire, même
au milieu de ses plus douloureuses agitations ! Et
la Chartreuse était si belle sous ses festons de lierre,
la floraison si splendide dans la vallée, l'air si pur
sur notre montagne, la mer si bleue à l'horizon !
C'est le plus bel endroit que j'aie jamais habité, et
un des plus beaux que j'aie jamais vus. Et j'en
avais à peine joui ! N'osant quitter le malade, je ne
pouvais sortir avec mes enfants qu'un instant chaque
jour, et souvent pas du tout. J'étais très-malade
moi-même de fatigue et de séquestration.

A Marseille il fallut nous arrêter. Je soumis
Chopin à l'examen du célèbre docteur Cauvières,
qui le trouva gravement compromis d'abord, et qui
pourtant reprit bon espoir en le voyant se rétablir
rapidement. Il augura qu'il pouvait vivre longtemps
avec de grands soins, et il lui prodigua les siens.
Ce digne et aimable homme, un des premiers médecins de France, le plus charmant, le plus sûr, le
plus dévoué des amis, est, à Marseille, la providence des heureux et des malheureux. Homme de
conviction et de progrès, il a conservé dans un âge

très-avancé la beauté de l'âme et celle du visage.
Sa physionomie douce et vive en même temps,
toujours éclairée d'un tendre sourire et d'un brillant
regard, commande le respect et l'amitié à dose
égale. C'est encore une des plus belles organisations
qui existent, exempte d'infirmités, pleine de feu,
jeune de cœur et d'esprit, bonne autant que brillante, et toujours en possession des hautes facultés
d'une intelligence d'élite.

Il fut pour nous comme un père. Sans cesse
occupé à nous rendre l'existence charmante, il soi-
gnait le malade, il promenait et gâtait les enfants,
il remplissait mes heures, sinon de repos, du moins
d'espoir, de confiance et de bien-être intellectuel.
Je l'ai retrouvé cette année à Marseille[1], c'est-à-
dire quinze ans après, plus jeune et plus aimable
encore, s'il est possible, que je ne l'avais laissé ;
venant de traverser et de vaincre le choléra comme
un jeune homme, aimant comme au premier jour
les élus de son cœur, croyant à la France, à l'avenir, à la vérité, comme n'y croient plus les enfants
de ce siècle : admirable vieillesse, digne d'une admirable vie !

En voyant Chopin renaître avec le printemps et
s'accommoder d'une médication fort douce, il approuva notre projet d'aller passer quelques jours à

[1] 1855.

Gênes. Ce fut un plaisir pour moi de revoir avec Maurice tous les beaux édifices et tous les beaux tableaux que possède cette charmante ville.

Au retour, nous eûmes en mer un rude coup de vent. Chopin en fut assez malade, et nous prîmes quelques jours de repos à Marseille chez l'excellent docteur.

Marseille est une ville magnifique qui froisse et déplaît au premier abord par la rudesse de son climat et de ses habitants. On s'y fait pourtant, car le fond de ce climat est sain et le fond de ces habitants est bon. On comprend qu'on puisse s'habituer à la brutalité du mistral, aux colères de la mer, et aux ardeurs d'un implacable soleil, quand on trouve là, dans une cité opulente, toutes les ressources de la civilisation à tous les degrés où l'on peut se les procurer, et quand on parcourt, sur un rayon de quelque étendue, cette Provence aussi étrange et aussi belle en bien des endroits que beaucoup d'endroits un peu trop vantés de l'Italie.

J'amenai à Nohant, sans encombre, Maurice guéri, et Chopin en train de l'être. Au bout de quelques jours, ce fut le tour de Maurice d'être le plus malade des deux. Le cœur reprenait trop de plénitude. Mon ami Papet, qui est excellent médecin et qui, en raison de sa fortune, exerce la médecine gratis pour ses amis et pour les pauvres, prit sur lui de changer radicalement son régime. Depuis

12.

deux ans on le tenait aux viandes blanches et à l'eau
rougie. Il jugea qu'une rapide croissance exigeait
des toniques, et après l'avoir saigné, il le fortifia
par un régime tout opposé. Bien m'en prit d'avoir
confiance en lui, car depuis ce moment Maurice
fut radicalement guéri et devint d'une forte et
solide santé.

Quant à Chopin, Papet ne lui trouva plus aucun
symptôme d'affection pulmonaire, mais seulement
une petite affection chronique du larynx qu'il n'es-
péra pas guérir et dont il ne vit pas lieu à s'alarmer
sérieusement [1].

Avant d'aller plus avant, je dois parler d'un

_____

[1] C'est à cette époque que je perdis mon angélique ami
Gaubert. J'avais déjà perdu, en 1837, mon noble et tendre
papa, M. Duris-Dufresne, d'une manière tragique et douloureuse. Il avait diné la veille avec mon mari. « Il fut ren-
» contré le 29 octobre, à onze heures du matin, par une
» personne de Châteauroux. Il était joyeux, il allait devenir
» grand-père, il venait d'acheter les dragées. Depuis lors on
» a perdu sa trace. Son corps a été retrouvé dans la Seine.
» A-t-il été assassiné? Rien ne le prouve; on ne l'avait pas
» volé; ses boucles d'oreilles en or étaient intactes. » (*Lettre
du Malgache* 1837.)

Cette déplorable fin est restée mystérieuse. Mon frère, qui
l'avait vu deux jours auparavant, lui avait entendu dire, en
parlant de la marche des événements politiques : « Tout est
fini, tout est perdu! » Il paraissait très-affecté. Mais, mobile, énergique et enthousiaste, il avait repris sa gaieté au
bout d'un instant.

événement politique qui avait eu lieu en France le 12 mai 1839, pendant que j'étais à Gênes, et d'un des hommes que je place aux premiers rangs parmi mes contemporains, bien que je ne l'aie connu que beaucoup plus tard : Armand Barbès.

Ses premiers élans furent pourtant ceux d'un héroïsme irréfléchi, et je n'hésite pas à blâmer, avec Louis Blanc, la tentative du 12 mai. J'oserai ajouter que ce triste dicton, *le succès justifie tout*, a quelque chose de plus sérieux qu'un aphorisme fataliste ne semble le comporter. Il a même un sens très-vrai, si l'on considère que la vie d'un certain nombre d'hommes peut être sacrifiée à un principe bienfaisant pour l'humanité, mais à la condition d'avancer réellement le règne de ce principe dans le monde. Si l'effort de vaillance et de dévouement doit rester stérile ; si même, dans de certaines conditions et sous l'empire de certaines circonstances, il doit, en échouant, retarder l'heure du salut, il a beau être pur dans l'intention, il devient coupable dans le fait. Il donne des forces au parti vainqueur, il ébranle la foi chez les vaincus. Il verse le sang innocent et le propre sang des conjurés, qui est précieux, au profit de la mauvaise cause. Il met le vulgaire en défiance, ou il le frappe d'une terreur stupide, qui le rend presque impossible à ramener et à convaincre.

Je sais bien que le succès est le secret de Dieu,

et que si l'on ne marchait, comme les anciens, qu'après avoir consulté des oracles réputés infaillibles, on n'aurait guère de mérite à risquer sa fortune, sa liberté et sa vie. D'ailleurs, l'oracle des temps modernes, c'est le peuple : *Vox populi*, *vox Dei* ; et c'est un oracle mystérieux et trompeur, qui ignore souvent lui-même d'où lui viennent ses transports et ses révélations. Mais, quelque difficile qu'il soit à pénétrer, le génie du conspirateur consiste à s'assurer de cet oracle.

Le conspirateur n'est donc pas à la hauteur de sa mission quand il manque de sagesse, de clairvoyance et de ce génie particulier qui devine l'issue nécessaire des événements. C'est une chose si grave de jeter un peuple, et même une petite fraction du peuple dans l'arène sanglante des révolutions, qu'il n'est pas permis de céder à l'instinct du sacrifice, à l'enthousiasme du martyre, aux illusions de la foi la plus pure et la plus sublime. La foi sert dans le domaine de la foi ; les miracles qu'elle produit ne sortent pas de ce domaine, et quand l'homme veut la porter dans celui des faits, elle ne suffit plus si elle reste à l'état de foi mystique. Il faut qu'elle soit éclairée des vives lumières, des lumières spéciales qu'exigent la connaissance et l'appréciation du fait même ; il faut qu'elle devienne la science, et une science aussi exacte que celle que Napoléon portait dans le destin des batailles.

Telle fut l'erreur des chefs de la *Société des sai-*
sons. Ils comptèrent sur le miracle de la foi, sans
tenir compte de la double lumière qui est nécessaire
dans ces sortes d'entreprises. Ils méconnurent l'état
des esprits, les moyens de résistance; ils se préci-
pitaient dans l'abîme, comme Curtius, sans songer
que le peuple était dans un de ces moments de lassitude et d'incrédulité où, *par amour pour lui*, par
respect de son avenir, de son lendemain peut-être,
il ne faut pas l'exposer à faire acte d'athéisme et de
lâcheté.

Le succès ne justifie pas tout, mais il sanctionne
les grandes causes et impose jusqu'à un certain
point les mauvaises à la raison humaine, l'adhé-
sion d'un peuple étant dans ce cas un obstacle contre lequel il faut savoir se tenir debout et attendre.
La fièvre généreuse des nobles âmes indignées doit
savoir se contenir à de certains moments de l'histoire, et se ménager pour l'heure où elle pourra
faire de l'étincelle sacrée un vaste incendie. Alors
qu'un parti se risque avec un peuple et même à la
tête d'un peuple pour changer ses destinées, s'il
échoue en dépit des plus sages prévisions et des plus
savants efforts, s'il est en situation de rendre au
moins sa défaite désastreuse à l'ennemi, si, en un
mot, il exprime par ses actes une immense et ardente protestation, ses efforts ne sont pas perdus,
et ceux qui survivront en recueilleront le fruit plus

tard. C'est dans ce cas que l'on bénit encore les
vaincus de la bonne cause; c'est alors qu'on les
absout des malheurs attachés à la crise, en reconnaissant qu'ils n'ont pas agi au hasard, et la foi qui
survit au désastre est proportionnée aux chances de
succès qu'ils ont su mettre dans leur plan. C'est
ainsi qu'on pardonne à un habile général vaincu
dans une bataille d'avoir perdu des colonnes entières dans la vue d'une victoire probable, tandis
qu'on blâme le héros isolé qui s'en va faire écharper
une petite escorte sans aucune chance d'utilité.

A Dieu ne plaise que j'accuse Barbès, Martin
Bernard et les autres généraux martyrs de cette série d'avoir aveuglément sacrifié à leur audace naturelle, à leur mépris de la vie, à un égoïste besoin
de gloire ! Non ! c'était des esprits réfléchis, stu-
dieux, modestes; mais ils étaient jeunes, ils étaient
exaltés par la religion du devoir, ils espéraient que
leur mort serait féconde. Ils croyaient trop à l'excellence soutenue de la nature humaine; ils la ju-
geaient d'après eux-mêmes. Ah ! mes amis, que
votre vie est belle, puisque, pour y trouver une
faute, il faut faire, au nom de la froide raison, le
procès aux plus nobles sentiments dont l'âme de
l'homme soit capable !

Mais la véritable grandeur de Barbès se mani-
festa dans son attitude devant ses juges, et se com-
pléta dans le long martyre de la prison. C'est là que

son âme s'éleva jusqu'à la sainteté. C'est du silence
de cette âme profondément humble et pieusement
résignée qu'est sorti le plus éloquent et le plus pur
enseignement à la vertu qu'il ait été donné à ce
siècle de comprendre. Là, jamais une erreur, jamais
une défaillance dans cette abnégation absolue, dans
ce courage calme et doux, dans ces tendres consolations données par lui-même aux cœurs brisés par
la souffrance. Les lettres de Barbès à ses amis sont
dignes des plus beaux temps de la foi. Mûri par la
réflexion, il s'est élevé à l'appréciation des plus
hautes philosophies; mais, supérieur à la plupart de
ceux qui instruisent et qui prêchent, il s'est assimilé
la force du stoïque unie à l'humble douceur du vrai
chrétien. C'est par là que, sans être créateur dans
la sphère des idées, il s'est égalé sans le savoir aux
plus grands penseurs de son époque. Chez lui la
parole et la pensée des autres ont été fécondes; elles
ont germé et grandi dans un cœur si pur et si fer-
vent que ce cœur est devenu un miroir de la vérité,
une pierre de touche pour les consciences délicates,
un rare et véritable sujet de consolation pour tous
ceux qui s'épouvantent de la corruption des temps,
de l'injustice des partis et de l'abattement des esprits
dans les jours d'épreuve et de persécution.

CHAPITRE TREIZIÈME

Après le voyage de Majorque, je songeai à arranger ma vie de manière à résoudre le difficile problème de faire travailler Maurice sans le priver d'air
et de mouvement. A Nohant, cela était possible, et
nos lectures pouvaient suffire à remplacer par des
notions d'histoire, de philosophie et de littérature
le grec et le latin du collége.

Mais Maurice aimait la peinture, et je ne pouvais
la lui enseigner. D'ailleurs, je ne me fiais pas assez
à moi-même quant au reste pour mener un peu loin
les études que nous faisions ensemble, moi appre-
nant et préparant la veille ce que je lui démontrais
le lendemain; car je ne savais rien avec méthode,

et j'étais obligée d'inventer une méthode à son usage
en même temps que je m'initiais aux connaissances
que cette méthode devait développer. Il me fallait,
en même temps encore, trouver une autre méthode
pour Solange, dont l'esprit avait besoin d'un tout
autre procédé d'enseignement, relativement aux
études appropriées à son âge.

Cela était au-dessus de mes forces à moins de renoncer à écrire. J'y songeai sérieusement. En me
renfermant à la campagne toute l'année, j'espérais
vivre de Nohant, et vivre fort satisfaite en consa-
crant ce que je pouvais avoir de lumière dans l'âme
à instruire mes enfants ; mais je m'aperçus bien vite
que le professorat ne me convenait pas du tout, ou,
pour mieux dire, que je ne convenais pas du tout
à la tâche toute spéciale du professorat. Dieu ne
m'a pas donné la parole ; je ne m'exprimais pas
d'une manière assez précise et assez nette, outre
que la voix me manquait au bout d'un quart
d'heure. D'ailleurs, je n'avais pas assez de patience
avec mes enfants, j'aurais mieux enseigné ceux des
autres. Il ne faut peut-être pas s'intéresser passion-
nément à ses élèves. Je m'épuisais en efforts de volonté, et je trouvais souvent dans la leur une résistance qui me désespérait. Une jeune mère n'a pas
assez d'expérience des langueurs et des préoccupations de l'enfance. Je me rappelais les miennes cependant ; mais, me rappelant aussi que si on ne les

avait pas vaincues malgré moi, je serais restée inerte
ou devenue folle, je me tuais à lasser la résistance,
ne sachant pas la briser.

Plus tard j'ai appris à lire à ma petite-fille, et
j'ai eu de la patience, quoique je l'aimasse pas-
sionnément aussi; mais j'avais beaucoup d'années
de plus !

Dans l'irrésolution où je fus quelque temps relativement à l'arrangement de ma vie, en vue du
mieux possible pour ces chers enfants, une question sérieuse fut débattue dans ma conscience. Je
me demandai si je devais accepter l'idée que Chopin
s'était faite de fixer son existence auprès de la
mienne. Je n'eusse pas hésité à dire non si j'eusse
pu savoir alors combien peu de temps la vie retirée
et la solennité de la campagne convenaient à sa
santé morale et physique. J'attribuais encore son
désespoir et son horreur de Majorque à l'exaltation
de la fièvre et à l'*excès de caractère* de cette résidence. Nohant offrait des conditions plus douces,
une retraite moins austère, un entourage sympathique et des ressources en cas de maladie. Papet
était pour lui un médecin éclairé et affectueux.
Fleury, Duteil, Duvernet et leurs familles, Planet,
Rollinat surtout, lui furent chers à première vue.
Tous l'aimèrent aussi et se sentirent disposés à le
gâter avec moi.

Mon frère était revenu habiter le Berry. Il était

fixé dans la terre de Montgivray, dont sa femme
avait hérité, à une demi-lieue de nous. Mon pauvre
Hippolyte s'était si étrangement et si follement conduit envers moi que le bouder un peu n'eût pas été
trop sévère; mais je ne pouvais bouder sa femme,
qui avait toujours été parfaite pour moi, et sa fille,
que je chérissais comme si elle eût été mienne,
l'ayant élevée en partie avec les mêmes soins que
j'avais eus pour Maurice. D'ailleurs mon frère,
quand il reconnaissait ses torts, s'accusait si entièrement, si drôlement, si énergiquement, disant
mille naïvetés spirituelles tout en jurant et pleurant
avec effusion, que mon ressentiment était tombé
au bout d'une heure. D'un autre que lui, le passé
eût été inexcusable, et avec lui l'avenir ne devait
pas tarder à redevenir intolérable; mais qu'y faire?
C'était lui! C'était le compagnon de mes premières
années; c'était le bâtard né heureux, c'est-à-dire
l'enfant gâté de chez nous. Hippolyte eût eu bien
mauvaise grâce à se poser en *Antony*. Antony est
vrai relativement aux préjugés de certaines familles;
d'ailleurs ce qui est beau est toujours assez vrai;
mais on pourrait bien faire la contre-partie d'*Antony*, et l'auteur de ce poëme tragique pourrait la
faire lui-même aussi vraie et aussi belle. Dans certains milieux, l'enfant de l'amour inspire un tel
intérêt qu'il arrive à être, sinon le roi de la famille,
du moins le membre le plus entreprenant et le plus

indépendant de la famille, celui qui ose tout et à qui l'on passe tout, parce que les entrailles ont besoin de le dédommager de l'abandon de la société. Par le fait, n'étant rien officiellement, et ne pouvant prétendre à rien légalement dans mon intérieur, Hippolyte y avait toujours fait dominer son caractère turbulent, son bon cœur et sa mauvaise tête. Il m'en avait chassée, par la seule raison que je ne voulais pas l'en chasser; il avait aigri et prolongé la lutte qui m'y ramenait, et il y rentrait lui-même, pardonné et embrassé pour quelques larmes qu'il versait au seuil de la maison paternelle. Ce n'était que la reprise d'une nouvelle série de repentirs de sa part et d'absolutions de la mienne.

Son entrain, sa gaieté intarissable, l'originalité de ses saillies, ses effusions enthousiastes et naïves pour le génie de Chopin, sa déférence constamment respectueuse envers lui seul, même dans l'inévitable et terrible *après-boire*, trouvèrent grâce auprès de l'artiste éminemment aristocratique. Tout alla donc fort bien au commencement, et j'admis éventuellement l'idée que Chopin pourrait se reposer et refaire sa santé parmi nous pendant quelques étés, son travail devant nécessairement le rappeler l'hiver à Paris.

Cependant la perspective de cette sorte d'alliance de famille avec un ami nouveau dans ma vie me donna à réfléchir. Je fus effrayée de la tâche que

j'allais accepter et que j'avais crue devoir se borner
au voyage en Espagne. Si Maurice venait à retomber dans l'état de langueur qui m'avait absorbée,
adieu à la fatigue des leçons, il est vrai, mais adieu
aussi aux joies de mon travail ; et quelles heures
de ma vie sereines et vivifiantes pourrais-je consacrer à un second malade, beaucoup plus difficile à
soigner et à consoler que Maurice?

Une sorte d'effroi s'empara donc de mon cœur
en présence d'un devoir nouveau à contracter. Je
n'étais pas illusionnée par une passion. J'avais pour
l'artiste une sorte d'adoration maternelle très-vive,
très-vraie, mais qui ne pouvait pas un instant lutter
contre l'amour des entrailles, le seul sentiment
chaste qui puisse être passionné.

J'étais encore assez jeune pour avoir peut-être à
lutter contre l'amour, contre la passion proprement
dite. Cette éventualité de mon âge, de ma situation et de la destinée des femmes artistes, surtout
quand elles ont horreur des distractions passagères,
m'effrayait beaucoup, et, résolue à ne jamais subir
d'influence qui pût me distraire de mes enfants, je
voyais un danger moindre, mais encore possible,
même dans la tendre amitié que m'inspirait Chopin.

Eh bien, après réflexion, ce danger disparut à
mes yeux et prit même un caractère opposé, celui
d'un préservatif contre des émotions que je ne voulais plus connaître. Un devoir de plus dans ma vie,

déjà si remplie et si accablée de fatigue, me parut
une chance de plus pour l'austérité vers laquelle je
me sentais attirée avec une sorte d'enthousiasme
religieux.

Si j'eusse donné suite à mon projet de m'enfermer à Nohant toute l'année, de renoncer aux
arts et de me faire l'institutrice de mes enfants,
Chopin eût été sauvé du danger qui le menaçait,
lui, à mon insu : celui de s'attacher à moi d'une
manière trop absolue. Il ne m'aimait pas encore au
point de ne pouvoir s'en distraire, son affection
n'était pas encore exclusive. Il m'entretenait d'un
amour romanesque qu'il avait eu en Pologne, de
doux entraînements qu'il avait subis ensuite à Paris
et qu'il y pouvait retrouver, et surtout de sa mère,
qui était la seule passion de sa vie, et loin de
laquelle pourtant il s'était habitué à vivre. Forcé
de me quitter pour sa profession, qui était son honneur même, puisqu'il ne vivait que de son travail,
six mois de Paris l'eussent rendu, après quelques
jours de malaise et de larmes, à ses habitudes
d'élégance, de succès exquis et de coquetterie
intellectuelle. Je n'en pouvais pas douter, je n'en
doutais pas.

Mais la destinée nous poussait dans les liens
d'une longue association, et nous y arrivâmes tous
deux sans nous en apercevoir.

Forcée d'échouer dans mon entreprise de profes-

sorat, je pris le parti de le remettre en meilleures
mains et de faire, dans ce but, un établissement
annuel à Paris. Je louai, rue Pigale, un appartement composé de deux pavillons au fond d'un jardin. Chopin s'installa rue Tronchet; mais son logement fut humide et froid. Il recommença à tousser
sérieusement, et je me vis forcée de donner ma
démission de garde-malade, ou de passer ma vie en
allées et venues impossibles. Lui, pour me les épargner, venait chaque jour me dire avec une figure
décomposée et une voix éteinte qu'il se portait à
merveille. Il demandait à diner avec nous, et il
s'en allait le soir, grelottant dans son fiacre. Voyant
combien il s'affectait du dérangement de notre vie
de famille, je lui offris de lui louer un des pavillons
dont je pouvais lui céder une partie. Il accepta avec
joie. Il eut là son appartement, y reçut ses amis et
y donna ses leçons sans me gêner. Maurice avait
l'appartement au-dessus du sien; j'occupais l'autre
pavillon avec ma fille. Le jardin était joli et assez
vaste pour permettre de grands jeux et de belles
gaietés. Nous avions des professeurs des deux sexes
qui faisaient de leur mieux. Je voyais le moins de
monde possible, m'en tenant toujours à mes amis.
Ma jeune et charmante parente Augustine, Oscar,
le fils de ma sœur, dont je m'étais chargée et que
j'avais mis en pension, les deux beaux enfants de
madame d'Oribeau, qui était venue se fixer à Paris

dans le même but que moi, c'était là un jeune
monde bien-aimé qui se réunissait de temps en
temps à mes enfants, mettant, à ma grande satisfaction, la maison sens dessus dessous.

Nous passâmes ainsi près d'un an, à tâter ce mode
d'éducation à domicile. Maurice s'en trouva assez
bien. Il ne mordit jamais plus que mon père ne
l'avait fait aux études classiques ; mais il prit avec
M. Eugène Pelletan, M. Loyson et M. Zirardini le
goût de lire et de comprendre, et il fut bientôt en
état de s'instruire lui-même et de découvrir tout
seul les horizons vers lesquels sa nature d'esprit le
poussait. Il put aussi commencer à recevoir des notions de dessin, qu'il n'avait reçues jusque-là que
de son instinct.

Il en fut autrement de ma fille. Malgré l'excellent enseignement qui lui fut donné chez moi par
mademoiselle Suez, une Genevoise de grand savoir
et d'une admirable douceur, son esprit impatient ne
pouvait se fixer à rien, et cela était désespérant,
car l'intelligence, la mémoire et la compréhension
étaient magnifiques chez elle. Il fallut en revenir à
l'éducation en commun, qui la stimulait davantage,
et à la vie de pension, qui, restreignant les sujets
de distraction, les rend plus faciles à vaincre. Elle
ne se plut pourtant pas dans la première pension
où je la mis. Je l'en retirai aussitôt pour la conduire
à Chaillot, chez madame Bascans, où elle convint

qu'elle était réellement mieux que chez moi. In-
stallée dans une maison charmante et dans un lieu
magnifique, objet des plus doux soins et favorisée
des leçons particulières de M. Bascans, un homme
de vrai mérite, elle daigna enfin s'apercevoir que la
culture de l'intelligence pouvait bien être autre
chose qu'une vexation gratuite. Car tel était le
thème de cette raisonneuse; elle avait prétendu
jusque-là qu'on avait *inventé* les connaissances humaines dans l'unique but de contrarier les petites
filles.

Ce parti de me séparer d'elle de nouveau étant
pris (avec plus d'effort et de regret que je ne voulus
lui en montrer), je vécus alternativement à Nohant
l'été, et à Paris l'hiver, sans me séparer de Maurice,
qui savait s'occuper partout et toujours. Chopin
venait passer trois ou quatre mois chaque année à
Nohant. J'y prolongeais mon séjour assez avant
dans l'hiver, et je retrouvais à Paris mon *malade
ordinaire*, c'est ainsi qu'il s'intitulait, désirant mon
retour, mais ne regrettant pas la campagne, qu'il
n'aimait pas au delà d'une quinzaine, et qu'il ne
supportait davantage que par attachement pour
moi. Nous avions quitté les pavillons de la rue
Pigale, qui lui déplaisaient, pour nous établir au
square d'Orléans, où la bonne et active Marliani
nous avait arrangé une vie de famille. Elle occupait
un bel appartement entre les deux nôtres. Nous

n'avions qu'une grande cour, plantée et sablée,
toujours propre, à traverser pour nous réunir, tantôt chez elle, tantôt chez moi, tantôt chez Chopin,
quand il était disposé à nous faire de la musique.
Nous dînions chez elle tous ensemble à frais com-
muns. C'était une très-bonne association, écono-
mique comme toutes les associations, et qui me
permettait de voir du monde chez madame Marliani, mes amis plus intimement chez moi, et de
prendre mon travail à l'heure ou il me convenait
de me retirer. Chopin se réjouissait aussi d'avoir
un beau salon isolé, où il pouvait aller composer ou
rêver. Mais il aimait le monde et ne profitait guère
de son sanctuaire que pour y donner des leçons. Ce
n'est qu'à Nohant qu'il créait et écrivait. Maurice
avait son appartement et son atelier au-dessus de
moi. Solange avait près de moi une jolie chambrette
où elle aimait à faire la *dame* vis-à-vis d'Augustine
les jours de sortie, et d'où elle chassait son frère et
Oscar impérieusement, prétendant que les gamins
avaient mauvais ton et sentaient le cigare; ce qui
ne l'empêchait pas de grimper à l'atelier un moment
après pour les faire enrager, si bien qu'ils passaient
leur temps à se renvoyer outrageusement de leurs
domiciles respectifs et à revenir frapper à la porte
pour recommencer. Un autre enfant, d'abord timide
et raillé, bientôt taquin et railleur, venait ajouter
aux allées et venues, aux algarades et aux éclats de

rire qui désespéraient le voisinage. C'était Eugène Lambert, camarade de Maurice à l'atelier de peinture de Delacroix, un garçon plein d'esprit, de cœur et de dispositions, qui devint mon enfant presque autant que les miens propres, et qui, appelé à Nohant pour un mois, y a passé jusqu'à présent une douzaine d'étés, sans compter plusieurs hivers.

Plus tard, je pris Augustine tout à fait avec nous, la vie de famille et d'intérieur me devenant chaque jour plus chère et plus nécessaire [1].

S'il me fallait parler ici avec détail des illustres et chers amis qui m'entourèrent pendant ces huit années, je recommencerais un volume. Mais ne suffit-il pas de nommer, outre ceux dont j'ai parlé

---

[1] Cette enfant, belle et douce, fut toujours un ange de consolation pour moi. Mais, en dépit de ses vertus et de sa tendresse, elle fut pour moi la cause de bien grands chagrins. Ses tuteurs me la disputaient, et j'avais de fortes raisons pour accepter le devoir de la protéger exclusivement. Devenue majeure, elle ne voulait pas s'éloigner de moi. Ce fut la cause d'une lutte ignoble et d'un chantage infâme de la part de gens que je ne nommerai pas. On me menaça de libelles atroces si je ne donnais pas quarante mille francs. Je laissai paraître les libelles, immonde ramassis de mensonges ridicules que la police se chargea d'interdire. Ce ne fut pas là le point douloureux du martyre que je subissais pour cette noble et pure enfant : la calomnie s'acharna après elle par contre-coup, et, pour la protéger envers et contre tous, je dus plus d'une fois briser mon propre cœur et mes plus chères affections.

déjà, Louis Blanc, Godefroy Cavaignac, Henri
Martin, et le plus beau génie de femme de notre
époque, uni à un noble cœur, Pauline Garcia, fille
d'un artiste de génie, sœur de la Malibran, et mariée à mon ami Louis Viardot, savant modeste,
homme de goût et surtout homme de bien !

Parmi ceux que j'ai vus avec autant d'estime et
moins d'intimité, je citerai Mickiewicz, Lablache,
Alkan aîné, Soliva, E. Quinet, le général Pepe,
etc.! et, sans faire de catégories de talent ou de
célébrité, j'aime à me rappeler l'amitié fidèle de
Bocage, le grand artiste, et la touchante amitié
d'Agricol Perdiguier, le noble artisan; celle de Fer-
dinand François, âme stoïque et pure, et celle de
Gilland, écrivain prolétaire d'un grand talent et
d'une grande foi; celle d'Étienne Arago, si vraie
et si charmante, et celle d'Anselme Pététin, si
mélancolique et si sincère; celle de M. de Bonne-
chose, le meilleur des hommes et le plus aimable,
l'inappréciable ami de madame Marliani; et celle
de M. de Rancogne, charmant poète inédit, sensible et gai vieillard qui avait toujours des roses dans
l'esprit et jamais d'épines dans le cœur; celle de
Mendizabal, le père enjoué et affectueux de toute
notre chère jeunesse, et celle de Dessauer, artiste
éminent, caractère pur et digne [1]; enfin celle

---

[1] Henri Heine m'a prêté contre lui des sentiments inouïs.
Le génie a ses rêves de malade.

d'Hetzel, qui, pour arriver sur le tard de ma vie,
ne m'en fut pas moins précieuse, et celle du docteur Varennes, une des plus anciennes et des plus
regrettées.

Hélas ! la mort ou l'absence ont dénoué la plupart de ces relations, sans refroidir mes souvenirs
et mes sympathies. Parmi celles que j'ai pu ne pas
perdre de vue, j'aime à nommer le capitaine d'Ar-
pentigny, un des esprits les plus frais, les plus ori-
ginaux et les plus étendus qui existent, et madame
Hortense Allart, écrivain d'un sentiment très-élevé
et d'une forme très-poétique, femme savante toute
jolie et toute rose, disait Delatouche ; esprit courageux, indépendant ; femme brillante et sérieuse,
vivant à l'ombre avec autant de recueillement et de
sérénité qu'elle saurait porter de grâce et d'éclat
dans le monde ; mère tendre et forte, entrailles de
femme, fermeté d'homme.

Je voyais aussi cette tête exaltée et généreuse,
cette femme qui avait les illusions d'un enfant et le
caractère d'un héros, cette folle, cette martyre,
cette sainte, Pauline Roland.

J'ai nommé Mickiewicz, génie égal à celui de
Byron, âme conduite aux vertiges de l'extase par
l'enthousiasme de la patrie et la sainteté des mœurs.
J'ai nommé Lablache, le plus grand acteur comique
et le plus parfait chanteur de notre époque : dans
la vie privée, c'est un adorable esprit et un père de

13.

famille respectable. J'ai nommé Soliva, compositeur
lyrique d'un vrai talent, professeur admirable, caractère noble et digne, artiste enjoué, enthousiaste,
sérieux. Enfin, j'ai nommé Alkan, pianiste célèbre,
plein d'idées fraîches et originales, musicien savant,
homme de cœur. Quant à Edgar Quinet, tous le
connaissent en le lisant : un grand cœur dans une
vaste intelligence; ses amis connaissent en plus sa
modestie candide et la douceur de son commerce.
Enfin, j'ai nommé le général Pepe, âme héroïque
et pure, un de ces caractères qui rappellent les
hommes de Plutarque. Je n'ai nommé ni Mazzini,
ni les autres amis que j'ai gardés dans le monde
politique et dans la vie intime, ne les ayant connus
réellement que plus tard.

Déjà, dans ce temps-là, je touchais, par mes
relations variées, aux extrêmes de la société, à
l'opulence, à la misère, aux croyances les plus
absolutistes, aux principes les plus révolutionnaires. J'aimais à connaître et à comprendre les
divers ressorts qui font mouvoir l'humanité et qui
décident de ses vicissitudes. Je regardais avec
attention, je me trompais souvent, je voyais clair
quelquefois.

Après les désespérances de ma jeunesse, trop
d'illusions me gouvernèrent. Au scepticisme maladif
succéda trop de bienveillance et d'ingénuité. Je fus
mille fois dupe d'un rêve de fusion archangélique

dans les forces opposées du grand combat des idées.
Je suis bien encore quelquefois capable de cette simplicité, résultat d'une plénitude de cœur; pourtant
j'en devrais être bien guérie, car mon cœur a beaucoup saigné.

La vie que je raconte ici était aussi bonne que
possible à la surface. Il y avait pour moi du beau
soleil sur mes enfants, sur mes amis, sur mon travail; mais la vie que je ne raconte pas était voilée
d'amertumes effroyables.

Je me souviens d'un jour où, révoltée d'injustices sans nom qui, dans ma vie intime, m'arri-
vaient tout à coup de plusieurs côtés à la fois, je
m'en allai pleurer dans le petit bois de mon jardin
de Nohant, à l'endroit où jadis ma mère faisait pour
moi et avec moi ses jolies petites rocailles. J'avais
alors environ quarante ans, et quoique sujette à
des névralgies terribles, je me sentais physiquement
beaucoup plus forte que dans ma jeunesse. Il me
prit fantaisie, je ne sais au milieu de quelles idées
noires, de soulever une grosse pierre, peut-être une
de celles que j'avais vu autrefois porter par ma
robuste petite mère. Je la soulevai sans effort, et je
la laissai retomber avec désespoir, disant en moi-
même : « Ah! mon Dieu, j'ai peut-être encore
quarante ans à vivre! »

L'horreur de la vie, la soif du repos, que je
repoussais depuis longtemps, me revinrent cette

fois-là d'une manière bien terrible. Je m'assis
sur cette pierre, et j'épuisai mon chagrin dans
des flots de larmes. Mais il se fit là en moi une
grande révolution : à ces deux heures d'anéan-
tissement succédèrent deux ou trois heures de
méditation et de rassérénement dont le souvenir
est resté net en moi comme une chose décisive en
ma vie.

La résignation n'est pas dans ma nature. C'est là
un état de tristesse morne, mêlée à de lointaines
espérances, que je ne connais pas. J'ai vu cette disposition chez les autres, je n'ai jamais pu l'éprouver.
Apparemment mon organisation s'y refuse. Il me
faut désespérer absolument pour avoir du courage.
Il faut que je sois arrivée à me dire « Tout est
perdu ! » pour que je me décide à tout accepter.
J'avoue même que ce mot de résignation m'irrite.
Dans l'idée que je m'en fais, à tort ou à raison,
c'est une sotte paresse qui veut se soustraire à
l'inexorable logique du malheur ; c'est une mollesse
de l'âme qui nous pousse à faire notre salut en
égoïstes, à tendre un dos endurci aux coups de l'ini-
quité, à devenir inertes, sans horreur du mal que
nous subissons, sans pitié par conséquent pour ceux
qui nous l'infligent. Il me semble que les gens complétement résignés sont pleins de dégoût et de mépris pour la race humaine. Ne s'efforçant plus de
soulever les rochers qui les écrasent, ils se disent

que tout est rocher, et qu'eux seuls sont les enfants de Dieu [1].

Une autre solution s'ouvrit devant moi. Tout subir sans haine et sans ressentiment, mais tout combattre par la foi ; aucune ambition, aucun rêve de bonheur personnel pour moi-même en ce monde, mais beaucoup d'espoir et d'efforts pour le bonheur des autres.

Ceci me parut une conclusion souveraine de la logique applicable à ma nature. Je pouvais vivre sans bonheur personnel, n'ayant pas de passions personnelles.

Mais j'avais de la tendresse et le besoin impérieux d'exercer cet instinct-là. Il me fallait chérir ou mourir. Chérir en étant peu ou mal chéri soi-même, c'est être malheureux ; mais on peut vivre malheureux. Ce qui empêche de vivre, c'est de ne pas faire usage de sa propre vie, ou d'en faire un usage contraire aux conditions de sa propre vie.

En face de cette résolution, je me demandai si j'aurais la force de la suivre ; je n'avais pas une assez haute idée de moi-même pour m'élever au rêve de la vertu. D'ailleurs, voyez-vous, dans le temps de scepticisme où nous vivons, une grande lumière s'est dégagée ; c'est que la vertu n'est qu'une lumière

[1] C'était aussi le sentiment de M. Lamennais. Silvio Pellico était pour lui le type de la résignation, et cette résignation-là l'indignait.

elle-même, une lumière qui se fait dans l'âme. Moi,
j'y ajoute, dans ma croyance, l'aide de Dieu. Mais
qu'on accepte ou qu'on rejette le secours divin, la
raison nous démontre que la vertu est un résultat
brillant de l'apparition de la vérité dans la conscience, une certitude, par conséquent, qui commande au cœur et à la volonté.

Écartant donc de mon vocabulaire intérieur ce
mot orgueilleux de vertu qui me paraissait trop
drapé à l'antique, et me contentant de contempler
une certitude en moi-même, je pus me dire, assez
sagement, je crois, qu'on ne revient pas sur une certitude acquise, et que, pour persévérer dans un parti
pris en vue de cette certitude, il ne s'agit que de
regarder en soi chaque fois que l'égoïsme vient s'efforcer d'éteindre le flambeau.

Que je dusse être agitée, troublée et tiraillée par
cette imbécile personnalité humaine, cela n'était
pas douteux, car l'âme ne veille pas toujours ; elle
s'endort et elle rêve ; mais que, connaissant la réalité, c'est-à-dire l'impossibilité d'être heureuse par
l'égoïsme, je n'eusse pas le pouvoir de secouer et de
réveiller mon âme, c'est ce qui me parut également
hors de doute.

Après avoir calculé ainsi mes chances avec une
grande ardeur religieuse et un véritable élan de
cœur vers Dieu, je me sentis très-tranquille, et je
gardai cette tranquillité intérieure tout le reste de

ma vie; je la gardai non pas sans ébranlement,
sans interruption et sans défaillance, mon équilibre
physique succombant parfois sous cette rigueur de
ma volonté; mais je la retrouvai toujours sans in-
certitude et sans contestation au fond de ma pensée
et dans l'habitude de ma vie.

Je la retrouvai surtout par la prière. Je n'appelle
pas prière un choix et un arrangement de paroles
lancées vers le ciel, mais un entretien de la pensée
avec l'idéal de lumière et de perfections infinies.

De toutes les amertumes que j'avais non plus à
subir, mais à combattre, les souffrances de mon
malade ordinaire n'étaient pas la moindre.

Chopin voulait toujours Nohant et ne supportait
jamais Nohant. Il était l'homme du monde par excellence, non pas du monde trop officiel et trop
nombreux, mais du monde intime, des salons de
vingt personnes, de l'heure où la foule s'en va et
où les habitués se pressent autour de l'artiste pour
lui arracher par d'aimables importunités le plus pur
de son inspiration. C'est alors seulement qu'il donnait tout son génie et tout son talent. C'est alors
aussi qu'après avoir plongé son auditoire dans un
recueillement profond ou dans une tristesse douloureuse, car sa musique vous mettait parfois dans
l'âme des découragements atroces, surtout quand
il improvisait; tout à coup, comme pour enlever
l'impression et le souvenir de sa douleur aux autres

et à lui-même, il se tournait vers une glace, à la
dérobée, arrangeait ses cheveux et sa cravate, et
se montrait subitement transformé en Anglais fleg-
matique, en vieillard impertinent, en Anglaise sentimentale et ridicule, en juif sordide. C'étaient toujours des types tristes, quelque comiques qu'ils
fussent, mais parfaitement compris et si délicate-
ment traduits qu'on ne pouvait se lasser de les ad-
mirer.

Toutes ces choses sublimes, charmantes ou bizarres qu'il savait tirer de lui-même faisaient de lui
l'âme des sociétés choisies, et on se l'arrachait bien
littéralement, son noble caractère, son désintéres-
sement, sa fierté, son orgueil bien entendu, ennemi
de toute vanité de mauvais goût et de toute inso-
lente réclame, la sûreté de son commerce et les
exquises délicatesses de son savoir-vivre faisant de
lui un ami aussi sérieux qu'agréable.

Arracher Chopin à tant de gâteries, l'associer à
une vie simple, uniforme et constamment studieuse,
lui qui avait été élevé sur les genoux des princesses,
c'était le priver de ce qui le faisait vivre, d'une vie
factice il est vrai, car, ainsi qu'une femme fardée,
il déposait le soir, en rentrant chez lui, sa verve et
sa puissance, pour donner la nuit à la fièvre et à
l'insomnie; mais d'une vie qui eût été plus courte
et plus animée que celle de la retraite, et de l'intimité restreinte au cercle uniforme d'une seule fa-

mille. A Paris, il en traversait plusieurs chaque
jour, ou il en choisissait au moins chaque soir une
différente pour milieu. Il avait ainsi tour à tour
vingt ou trente salons à enivrer ou à charmer de sa
présence.

Chopin n'était pas né exclusif dans ses affections;
il ne l'était que par rapport à celles qu'il exigeait;
son âme, impressionnable à toute beauté, à toute
grâce, à tout sourire, se livrait avec une facilité et
une spontanéité inouïes. Il est vrai qu'elle se reprenait de même, un mot maladroit, un sourire équi-
voque le désenchantant avec excès. Il aimait pas-
sionnément trois femmes dans la même soirée de
fête, et s'en allait tout seul, ne songeant à aucune
d'elles, les laissant toutes trois convaincues de
l'avoir exclusivement charmé.

Il était de même en amitié, s'enthousiasmant à
première vue, se dégoûtant, se reprenant sans cesse,
vivant d'engouements pleins de charmes pour ceux
qui en étaient l'objet, et de mécontentements secrets
qui empoisonnaient ses plus chères affections.

Un trait qu'il m'a raconté lui-même prouve combien peu il mesurait ce qu'il accordait de son cœur
à ce qu'il exigeait de celui des autres.   .

Il s'était vivement épris de la petite-fille d'un
maître célèbre ; il songea à la demander en mariage,
dans le même temps où il poursuivait la pensée
d'un autre mariage d'amour en Pologne, sa loyauté

n'étant engagée nulle part, mais son âme mobile
flottant d'une passion à l'autre. La jeune Parisienne
lui faisait bon acceuil, et tout allait au mieux, lorsqu'un jour qu'il entrait chez elle avec un autre musicien plus célèbre à Paris qu'il ne l'était encore,
elle s'avisa de présenter une chaise à ce dernier
avant de songer à faire asseoir Chopin. Il ne la
revit jamais et l'oublia tout de suite.

Ce n'est pas que son âme fût impuissante ou
froide. Loin de là, elle était ardente et dévouée,
mais non pas exclusivement et continuellement envers telle ou telle personne. Elle se livrait alternativement à cinq ou six affections qui se combattaient
en lui et dont une primait tour à tour toutes les
autres.

Il n'était certainement pas fait pour vivre longtemps en ce monde, ce type extrême de l'artiste. Il
y était dévoré par un rêve d'idéal que ne combat-
tait aucune tolérance de philosophie ou de miséricorde à l'usage de ce monde. Il ne voulut jamais
transiger avec la nature humaine. Il n'acceptait rien
de la réalité. C'était là son vice et sa vertu, sa
grandeur et sa misère. Implacable envers la moindre
tache, il avait un enthousiasme immense pour la
moindre lumière, son imagination exaltée faisant
tous les frais possibles pour y voir un soleil.

Il était donc à la fois doux et cruel d'être l'objet
de sa préférence, car il vous tenait compte avec

usure de la moindre clarté, et vous accablait de son désenchantement au passage de la plus petite ombre.

On a prétendu que, dans un de mes romans, j'avais peint son caractère avec une grande exactitude d'analyse. On s'est trompé, parce que l'on a cru reconnaître quelques-uns de ses traits, et, procédant par ce système, trop commode pour être sûr, Listz lui-même, dans une *Vie de Chopin,* un peu exubérante de style, mais remplie cependant de très-bonnes choses et de très-belles pages, s'est fourvoyé de bonne foi.

J'ai tracé, dans le *Prince Karol,* le caractère d'un homme déterminé dans sa nature, exclusif dans ses sentiments, exclusif dans ses exigences.

Tel n'était pas Chopin. La nature ne dessine pas comme l'art, quelque réaliste qu'il se fasse. Elle a des caprices, des inconséquences, non pas réelles probablement, mais très-mystérieuses. L'art ne rectifie ces inconséquences que parce qu'il est trop borné pour les rendre.

Chopin était un résumé de ces inconséquences magnifiques que Dieu seul peut se permettre de créer et qui ont leur logique particulière. Il était modeste par principes et doux par habitude, mais il était impérieux par instinct et plein d'un orgueil légitime qui s'ignorait lui-même. De là des souffrances qu'il ne raisonnait pas et qui ne se fixaient pas sur un objet déterminé.

D'ailleurs le prince Karol n'est pas artiste. C'est
un rêveur, et rien de plus ; n'ayant pas de génie,
il n'a pas les droits du génie. C'est donc un person-
nage plus vrai qu'aimable, et c'est si peu le portrait
d'un grand artiste, que Chopin, en lisant le ma-
nuscrit chaque jour sur mon bureau, n'avait pas
eu la moindre velléité de s'y tromper, lui si soup-
çonneux pourtant !

Et cependant plus tard, par réaction, il se l'imagina, m'a-t-on dit. Des ennemis (j'en avais auprès
de lui qui se disaient ses amis, comme si aigrir un
cœur souffrant n'était pas un meurtre), des ennemis lui firent croire que ce roman était une révélation de son caractère. Sans doute, en ce moment-
là, sa mémoire était affaiblie : il avait oublié le
livre, que ne l'a-t-il relu !

Cette histoire était si peu la nôtre ! Elle en était
tout l'inverse. Il n'y avait entre nous ni les mêmes
enivrements, ni les mêmes souffrances. Notre histoire, à nous, n'avait rien d'un roman ; le fond en
était trop simple et trop sérieux pour que nous eussions jamais eu l'occasion d'une querelle l'un contre
l'autre, à propos l'un de l'autre. J'acceptais toute
la vie de Chopin telle qu'elle se continuait en dehors
de la mienne. N'ayant ni ses goûts, ni ses idées en
dehors de l'art, ni ses principes politiques, ni son
appréciation des choses de fait, je n'entreprenais
aucune modification de son être. Je respectais son

individualité, comme je respectais celle de Delacroix et de mes autres amis engagés dans un chemin différent du mien.

D'un autre côté, Chopin m'accordait, et je peux dire m'honorait d'un genre d'amitié qui faisait exception dans sa vie. Il était toujours le même pour moi. Il avait sans doute peu d'illusions sur mon compte, puisqu'il ne me faisait jamais redescendre dans son estime. C'est ce qui fit durer longtemps notre bonne harmonie.

Étranger à mes études, à mes recherches, et, par suite, à mes convictions, enfermé qu'il était dans le dogme catholique, il disait de moi, comme la mère Alicia dans les derniers jours de sa vie[1] : « Bah! bah! je suis bien sûre qu'elle aime Dieu! »

Nous ne nous sommes donc jamais adressé un reproche mutuel, sinon une seule fois qui fut, hélas! la première et la dernière. Une affection si élevée devait se briser, et non s'user dans des combats indignes d'elle.

Mais si Chopin était avec moi le dévouement, la prévenance, la grâce, l'obligeance et la déférence en personne, il n'avait pas, pour cela, abjuré les aspérités de son caractère envers ceux qui m'entouraient. Avec eux, l'inégalité de son âme, tour à

---

[1] Cette âme bien-aimée est retournée à Dieu le 20 janvier 1855.

tour généreuse et fantasque, se donnait carrière,
passant toujours de l'engouement à l'aversion, et
réciproquement. Rien ne paraissait, rien n'a jamais
paru de sa vie intérieure dont ses chefs-d'œuvre
d'art étaient l'expression mystérieuse et vague, mais
dont ses lèvres ne trahissaient jamais la souffrance.
Du moins telle fut sa réserve pendant sept ans, que
moi seule pus les deviner, les adoucir et en retarder
l'explosion.

Pourquoi une combinaison d'événements en dehors de nous ne nous éloigna-t-elle pas l'un de
l'autre avant la huitième année !

Mon attachement n'avait pu faire ce miracle de
le rendre un peu calme et heureux que parce que
Dieu y avait consenti en lui conservant un peu de
santé. Cependant il déclinait visiblement, et je ne
savais plus quels remèdes employer pour combattre
l'irritation croissante des nerfs. La mort de son ami
le docteur Mathuzinski et ensuite celle de son propre
père lui portèrent deux coups terribles. Le dogme
catholique jette sur la mort des terreurs atroces.
Chopin, au lieu de rêver pour ces âmes pures un
meilleur monde, n'eut que des visions effrayantes,
et je fus obligée de passer bien des nuits dans une
chambre voisine de la sienne, toujours prête à me
lever cent fois de mon travail pour chasser les spectres de son sommeil et de son insomnie. L'idée de
sa propre mort lui apparaissait escortée de toutes

les imaginations superstitieuses de la poésie slave.
Polonais, il vivait dans le cauchemar des légendes.
Les fantômes l'appelaient, l'enlaçaient, et, au lieu
de voir son père et son ami lui sourire dans le rayon
de la foi, il repoussait leurs faces décharnées de la
sienne et se débattait sous l'étreinte de leurs mains
glacées.

Nohant lui était devenu antipathique. Son retour,
au printemps, l'enivrait encore quelques instants.
Mais dès qu'il se mettait au travail, tout s'assom-
brissait autour de lui. Sa création était spontanée,
miraculeuse. Il la trouvait sans la chercher, sans la
prévoir. Elle venait sur son piano soudaine, complète, sublime, ou elle se chantait dans sa tête pendant une promenade, et il avait hâte de se la faire
entendre à lui-même en la jetant sur l'instrument.
Mais alors commençait le labeur le plus navrant
auquel j'aie jamais assisté. C'était une suite d'efforts,
d'irrésolutions et d'impatiences pour ressaisir certains détails du thème de son audition : ce qu'il
avait conçu tout d'une pièce, il l'analysait trop en
voulant l'écrire, et son regret de ne pas le retrouver
assez net, selon lui, le jetait dans une sorte de désespoir. Il s'enfermait dans sa chambre des journées
entières, pleurant, marchant, brisant ses plumes,
répétant et changeant cent fois une mesure, l'écrivant et l'effaçant autant de fois, et recommençant
le lendemain avec une persévérance minutieuse et

désespérée. Il passait six semaines sur une page
pour en revenir à l'écrire telle qu'il l'avait tracée du
premier jet.

J'avais eu longtemps l'influence de le faire consentir à se fier à ce premier jet de l'inspiration.
Mais quand il n'était plus disposé à me croire, il
me reprochait doucement de l'avoir gâté et de n'être
pas assez sévère pour lui. J'essayais de le distraire,
de le promener. Quelquefois emmenant toute ma
couvée dans un char à bancs de campagne, je l'ar-
rachais malgré lui à cette agonie ; je le menais aux
bords de la Creuse, et, pendant deux ou trois jours,
perdus au soleil et à la pluie dans des chemins affreux, nous arrivions, riants et affamés, à quelque
site magnifique où il semblait renaître. Ces fatigues
le brisaient le premier jour, mais il dormait ! Le
dernier jour, il était tout ranimé, tout rajeuni, en
revenant à Nohant, et il trouvait la solution de son
travail sans trop d'efforts ; mais il n'était pas toujours possible de le déterminer à quitter ce piano
qui était bien plus souvent son tourment que sa
joie, et peu à peu il témoigna de l'humeur quand
je le dérangeais. Je n'osais pas insister. Chopin
fâché était effrayant, et comme, avec moi, il se
contenait toujours, il semblait près de suffoquer et
de mourir.

Ma vie, toujours active et rieuse à la surface,
était devenue intérieurement plus douloureuse que

jamais. Je me désespérais de ne pouvoir donner aux
autres ce bonheur auquel j'avais renoncé pour mon
compte ; car j'avais plus d'un sujet de profond chagrin contre lequel je m'efforçais de réagir. L'amitié
de Chopin n'avait jamais été un refuge pour moi
dans la tristesse. Il avait bien assez de ses propres
maux à supporter. Les miens l'eussent écrasé, aussi
ne les connaissait-il que vaguement et ne les com-
prenait-il pas du tout. Il eût apprécié toutes choses
à un point de vue très-différent du mien. Ma véritable force me venait de mon fils, qui était en âge
de partager avec moi les intérêts les plus sérieux de
la vie et qui me soutenait par son égalité d'âme, sa
raison précoce et son inaltérable enjouement. Nous
n'avons pas, lui et moi, les mêmes idées sur toutes
choses, mais nous avons ensemble de grandes res-
semblances d'organisation, beaucoup des mêmes
goûts et des mêmes besoins ; en outre, un lien d'affection naturelle si étroit qu'un désaccord quelconque entre nous ne peut durer un jour et ne peut
tenir à un moment d'explication tête à tête. Si nous
n'habitons pas le même enclos d'idées et de sentiments, il y a, du moins, une grande porte toujours
ouverte au mur mitoyen, celle d'une affection immense et d'une confiance absolue.

A la suite des dernières rechutes du malade, son
esprit s'était assombri extrêmement, et Maurice,
qui l'avait tendrement aimé jusque-là, fut blessé

tout à coup par lui d'une manière imprévue pour
un sujet futile. Ils s'embrassèrent un moment après,
mais le grain de sable était tombé dans le lac tranquille, et peu à peu les cailloux y tombèrent un à
un. Chopin fut irrité souvent sans aucun motif et
quelquefois irrité injustement contre de bonnes intentions. Je vis le mal s'aggraver et s'étendre à mes
autres enfants, rarement à Solange, que Chopin
préférait, par la raison qu'elle seule ne l'avait pas
gâté, mais à Augustine avec une amertume effrayante, et à Lambert même, qui n'a jamais pu
deviner pourquoi. Augustine, la plus douce, la plus
inoffensive de nous tous à coup sûr, en était consternée. Il avait été d'abord si bon pour elle! Tout
cela fut supporté; mais enfin, un jour, Maurice,
lassé de coups d'épingle, parla de quitter la partie.
Cela ne pouvait pas et ne devait pas être. Chopin
ne supporta pas mon intervention légitime et nécessaire. Il baissa la tête et prononça que je ne l'aimais plus.

Quel blasphème après ces huit années de dévouement maternel! Mais le pauvre cœur froissé n'avait
pas conscience de son délire. Je pensais que quelques mois passés dans l'éloignement et le silence
guériraient cette plaie et rendraient l'amitié calme,
la mémoire équitable. Mais la révolution de février
arriva et Paris devint momentanément odieux à
cet esprit incapable de se plier à un ébranlement

quelconque dans les formes sociales. Libre de retourner en Pologne, ou certain d'y être toléré, il avait préféré languir dix ans loin de sa famille qu'il adorait, à la douleur de voir son pays transformé et dénaturé. Il avait fui la tyrannie, comme maintenant il fuyait la liberté !

Je le revis un instant en mars 1848. Je serrai sa main tremblante et glacée. Je voulus lui parler, il s'échappa. C'était à mon tour de dire qu'il ne m'aimait plus. Je lui épargnai cette souffrance, et je remis tout aux mains de la Providence et de l'avenir.

Je ne devais plus le revoir. Il y avait de mauvais cœurs entre nous. Il y en eut de bons aussi, qui ne surent pas s'y prendre. Il y en eut de frivoles qui aimèrent mieux ne pas se mêler d'affaires délicates ; Gutmann n'était pas là [1].

On m'a dit qu'il m'avait appelée, regrettée, aimée filialement jusqu'à la fin. On a cru devoir me le cacher jusque-là. On a cru devoir lui cacher aussi que j'étais prête à courir vers lui. On a bien fait si cette émotion de me revoir eût dû abréger sa vie d'un jour ou seulement d'une heure. Je ne suis pas de ceux qui croient que les choses se résolvent en

---

[1] Gutmann, son plus parfait élève, aujourd'hui un véritable maître lui-même, un noble cœur toujours. Il fut forcé de s'absenter durant la dernière maladie de Chopin, et ne revint que pour recevoir son dernier soupir.

ce monde. Elles ne font peut-être qu'y commencer, et, à coup sûr, elles n'y finissent point. Cette vie d'ici-bas est un voile que la souffrance et la maladie rendent plus épais à certaines âmes, qui ne se soulève que par moments pour les organisations les plus solides, et que la mort déchire pour tous.

Garde-malade, puisque telle fut ma mission pendant une notable portion de ma vie, j'ai dû accepter sans trop d'étonnement et surtout sans dépit les transports et les accablements de l'âme aux prises avec la fièvre. J'ai appris au chevet des malades à respecter ce qui est véritablement leur volonté saine et libre, et à pardonner ce qui est le trouble et le délire de leur fatalité.

J'ai été payée de mes années de veille, d'angoisse et d'absorption par des années de tendresse, de confiance et de gratitude qu'une heure d'injustice ou d'égarement n'a point annulées devant Dieu. Dieu n'a pas puni, Dieu n'a pas seulement aperçu cette heure mauvaise dont je ne veux pas me rappeler la souffrance. Je l'ai supportée, non pas avec un froid stoïcisme, mais avec des larmes de douleur et d'enthousiasme, dans le secret de ma prière. Et c'est parce que j'ai dit aux absents, dans la vie ou dans la mort : « Soyez bénis ! » que j'espère trouver dans le cœur de ceux qui me fermeront les yeux la même bénédiction à ma dernière heure.

Vers l'époque où je perdis Chopin, je perdis aussi

mon frère plus tristement encore : sa raison s'était
éteinte depuis quelque temps déjà ; l'ivresse avait
ravagé et détruit cette belle organisation et la faisait
flotter désormais entre l'idiotisme et la folie. Il avait
passé ses dernières années à se brouiller et à se ré-
concilier tour à tour avec moi, avec mes enfants,
avec sa propre famille et tous ses amis. Tant qu'il
continua à venir me voir, je prolongeai sa vie en
mettant à son insu de l'eau dans le vin qu'on lui
servait. Il avait le goût si blasé qu'il ne s'en apercevait pas, et s'il suppléait à la qualité par la quan-
tité, du moins son ivresse était moins lourde ou
moins irritée. Mais je ne faisais que retarder l'instant fatal où, la nature n'ayant plus la force de
réagir, il ne pourrait plus, même à jeun, retrouver
sa lucidité. Il passa ses derniers mois à me bouder
et à m'écrire des lettres inimaginables. La révolution de février, qu'il ne pouvait plus comprendre,
à quelque point de vue qu'il se plaçât, avait porté
un dernier coup à ses facultés chancelantes. D'abord
républicain passionné, il fit comme tant d'autres
qui n'avaient pas, comme lui, des accès d'aliéna-
tion pour excuse ; il en eut peur, et il se mit à
rêver que le peuple en voulait à sa vie. Le peuple!
le peuple dont il sortait comme moi par sa mère, et
avec lequel il vivait au cabaret plus qu'il n'était
besoin pour fraterniser avec lui, devint son épouvan-
tail, et il m'écrivit qu'il savait de *source certaine que*

mes amis politiques voulaient l'assassiner. Pauvre
frère ! cette hallucination passée, il en eut d'autres
qui se succédèrent sans interruption jusqu'à ce que
l'imagination déréglée s'éteignit à son tour, et fit
place à la stupeur d'une agonie qui n'avait plus
conscience d'elle-même. Son gendre lui survécut de
peu d'années. Sa fille, mère de trois beaux enfants,
encore jeune et jolie, vit près de moi à la Châtre.
C'est une âme douce et courageuse qui a déjà bien
souffert et qui ne faillira pas à ses devoirs. Ma
belle-sœur Émilie vit encore plus près de moi, à la
campagne. Longtemps victime des égarements d'un
être aimé, elle se repose de ses longues fatigues.
C'est une amie sévère et parfaite, une âme droite et
un esprit nourri de bonnes lectures.

Ma bonne Ursule est toujours là aussi dans cette
petite ville où j'ai cultivé si longtemps tant de
douces et durables affections. Mais, hélas ! la mort
ou l'exil ont fauché autour de nous ! Duteil, Planet
et Néraud ne sont plus. Fleury a été expulsé comme
tant d'autres pour cause d'opinions, bien qu'il n'eût
pas même été en situation d'agir contre le gouvernement actuel. Je ne parle pas de tous mes amis de
Paris et du reste de la France. On a fait jusqu'à un
certain point la solitude autour de moi, et ceux
qui ont échappé, par hasard ou par miracle, à ce
système de proscriptions décrétées souvent par la
réaction passionnée et les rancunes personnelles des

provinces, vivent comme moi de regrets et d'aspirations.

Pour asseoir, en terminant ce récit, la situation
de ceux de mes amis d'enfance qui y ont figuré, je
dirai que la famille Duvernet habite toujours la
charmante campagne où dès mon enfance je l'ai
vue. Mon excellente maman madame Decerfz est
aussi à la Châtre pleurant ses enfants exilés. Rollinat est toujours à Châteauroux, accourant chez
nous dès qu'il a un jour de loisir.

Il est assez naturel qu'après avoir vécu un demi-
siècle on se voie privé d'une partie de ceux avec qui
on a vécu par le cœur; mais nous traversons un
temps où de violentes secousses morales ont sévi
contre tous et mis en deuil toutes les familles.
Depuis quelques années surtout, les révolutions qui
entraînent d'affreux jours de guerre civile, qui
ébranlent les intérêts et irritent les passions, qui
semblent appeler fatalement les grandes maladies
endémiques après les crises de colère et de douleur,
après les proscriptions des uns, les larmes ou la
terreur des autres; les révolutions qui rendent les
grandes guerres imminentes, et qui, en se succé-
dant, détruisent l'âme de ceux-ci et moissonnent
la vie de ceux-là, ont mis la moitié de la France en
deuil de l'autre.

Pour ma part, ce n'est plus par douze, c'est par
cent que je compte les pertes amères que j'ai faites

dans ces dernières années. Mon cœur est un cimetière, et si je ne me sens pas entraînée dans la
tombe qui a englouti la moitié de ma vie, par une
sorte de vertige contagieux, c'est parce que l'autre
vie se peuple pour moi de tant d'êtres aimés qu'elle
se confond parfois avec ma vie présente jusqu'à me
faire illusion. Cette illusion n'est pas sans un certain
charme austère, et ma pensée s'entretient désormais
aussi souvent avec les morts qu'avec les vivants.

Saintes promesses des cieux où l'on se retrouve
et où l'on se reconnaît, vous n'êtes pas un vain
rêve! Si nous ne devons pas aspirer à la béatitude
des purs esprits du pays des chimères, si nous devons entrevoir toujours au delà de cette vie un travail, un devoir, des épreuves et une organisation
limitées dans ses facultés vis-à-vis de l'infini, du
moins il nous est permis par la raison, et il nous
est commandé par le cœur de compter sur une suite
d'existences progressives en raison de nos bons désirs. Les saints de toutes les religions qui nous
crient du fond de l'antiquité de nous dégager de la
matière pour nous élever dans la hiérarchie céleste
des esprits ne nous ont pas trompés quant au fond
de la croyance admissible à la raison moderne.
Nous pensons aujourd'hui que, si nous sommes
immortels, c'est à la condition de revêtir sans cesse
des organes nouveaux pour compléter notre être
qui n'a probablement pas le droit de devenir un

pur esprit; mais nous pouvons regarder cette terre comme un lieu de passage et compter sur un réveil plus doux dans le berceau qui nous attend ailleurs. De mondes en mondes, nous pouvons, en nous dégageant de l'animalité qui combat ici-bas notre spiritualisme, nous rendre propres à revêtir un corps plus pur, plus approprié aux besoins de l'âme, moins combattu et moins entravé par les infirmités de la vie humaine telle que nous la subissons ici-bas. Et certes la première de nos aspirations légitimes, puisqu'elle est noble, est de retrouver dans cette vie future la faculté de nous remémorer jusqu'à un certain point nos existences précédentes. Il ne serait pas très-doux de nous en retracer tout le détail, tous les ennuis, toutes les douleurs. Dès cette vie, le souvenir est souvent un cauchemar; mais les points lumineux et culminants des salutaires épreuves dont nous avons triomphé seraient une récompense, et la couronne céleste serait l'embrassement de nos amis reconnus par nous et nous reconnaissant à leur tour. O heures de suprême joie et d'ineffables émotions quand la mère retrouvera son enfant, et les amis les dignes objets de leur amour ! Aimons-nous en ce monde, nous qui y sommes encore, aimons-nous assez saintement pour qu'il nous soit permis de nous retrouver sur tous les rivages de l'éternité avec l'ivresse d'une famille réunie après de longues pérégrinations.

Durant les années dont je viens d'esquisser les
principales émotions, j'avais renfermé dans mon
sein d'autres douleurs encore plus poignantes dont,
à supposer que je pusse parler, la révélation ne serait
d'aucune utilité dans ce livre. Ce furent des malheurs pour ainsi dire étrangers à ma vie, puisque
nulle influence de ma part ne put les détourner et
qu'ils n'entrèrent pas dans ma destinée, attirés par
le magnétisme de mon individualité. Nous faisons
notre propre vie à certains égards : à d'autres
égards, nous subissons celle que nous font les autres. J'ai raconté ou fait pressentir de mon existence tout ce qui y est entré par ma volonté, ou tout
ce qui s'y est trouvé attiré par mes instincts. J'ai
dit comment j'avais traversé et subi les diverses fa-
talités de ma propre organisation. C'est tout ce que
je voulais et devais dire. Quant aux mortels chagrins que la fatalité des autres organisations fit
peser sur moi, ceci est l'histoire du secret martyre
que nous subissons tous, soit dans la vie publique,
soit dans la vie privée, et que nous devons subir
en silence.

Les choses que je ne dis pas sont donc celles que
je ne puis excuser, parce que je ne peux pas encore
me les expliquer à moi-même. Dans toute affection
où j'ai eu quelques torts, si légers qu'ils puissent
paraître à mon amour-propre, ils me suffisent pour
comprendre et pardonner ceux qu'on a eus envers

moi. Mais là où mon dévouement sans bornes et
sans efforts s'est trouvé tout à coup payé d'ingratitude et d'aversion, là où mes plus tendres sollicitudes se sont brisées impuissantes devant une
implacable fatalité, ne comprenant rien à ces redou-
tables accidents de la vie, ne voulant pas en accuser
Dieu, et sentant que l'égarement du siècle et le
scepticisme social en sont les premières causes, je
retombe dans cette soumission aux arrêts du ciel,
sans laquelle il nous faudrait le méconnaître et le
maudire.

C'est que là revient toujours la terrible question :
Pourquoi Dieu, faisant l'homme perfectible et capable de comprendre le beau et le bien, l'a-t-il fait
si lentement perfectible, si difficilement attaché au
bien et au beau?

L'arrêt suprême de la sagesse nous répond par
la bouche de tous les philosophes : « Cette lenteur
dont vous souffrez n'est pas perceptible dans l'immense durée des lois de l'ensemble. Celui qui vit
dans l'éternité ne compte pas le temps, et vous qui
avez une faible notion de l'éternité, vous vous lais-
sez écraser par la sensation poignante du temps.

Oui sans doute, la succession de nos jours amers
et variables nous opprime et détourne malgré nous
notre esprit de la contemplation sereine de l'éternité.
Ne rougissons pas trop de cette faiblesse. Elle puise
sa source dans les entrailles de notre sensibilité.

L'état douloureux de nos sociétés troublées et de
notre civilisation en travail fait que cette sensibilité,
cette faiblesse, est peut-être la meilleure de nos
forces. Elle est le déchirement de nos cœurs et la
morale de notre vie. Celui qui, parfaitement calme
et fort, recevrait sans souffrir les coups qui le frappent ne serait pas dans la vraie sagesse, car il n'aurait pas de raison pour ne pas regarder avec le
même stoïcisme brutal et cruel les blessures qui
font crier et saigner ses semblables. Souffrons donc
et plaignons-nous quand notre plainte peut être
utile : quand elle ne l'est pas, taisons-nous, mais
pleurons en secret. Dieu, qui voit nos larmes à notre insu, et qui, dans son immuable sérénité, nous
semble n'en pas tenir compte, a mis lui-même en
nous cette faculté de souffrir pour nous enseigner à
ne pas vouloir faire souffrir les autres.

Comme le monde physique que nous habitons
s'est formé et fertilisé, sous les influences des volcans et des pluies, jusqu'à devenir approprié aux
besoins de l'homme physique, de même le monde
moral où nous souffrons se forme et se fertilise,
sous les influences des brûlantes aspirations et des
larmes saintes, jusqu'à mériter de devenir approprié
aux besoins de l'homme moral. Nos jours se con-
sument et s'évanouissent au sein de ces tourmentes.
Privés d'espoir et de confiance, ils sont horribles et
stériles; mais éclairés par la foi en Dieu et réchauf-

fés par l'amour de l'humanité, ils sont humblement
acceptables et pour ainsi dire doucement amers.

Soutenue par ces notions si simples et pourtant
si lentement acquises à l'état de conviction, tant
l'excès de ma sensibilité intérieure dans la jeunesse
obscurcissait l'effort de ma justice, je traversai la
fin de cette période de mon récit sans trop me dé-
partir de l'immolation que j'avais faite de ma personnalité. Si je la retrouvais grondeuse en moi-
même, inquiète des petites choses et trop avide de
repos, je savais du moins la sacrifier sans grands
efforts dès qu'une occasion nette de la sacrifier
utilement me rendait l'emploi lucide de mes forces
intérieures. Si je n'étais pas en possession de la
vertu, du moins j'étais et je suis encore, j'espère,
dans le chemin qui y mène. N'étant pas une nature
de diamant, je n'écris pas pour les saints. Mais
ceux qui, faibles comme moi, et comme moi épris
d'un doux idéal, veulent traverser les ronces de la
vie sans y laisser toute leur toison, s'aideront de
mon humble expérience et trouveront quelque consolation à voir que leurs peines sont celles de quelqu'un qui les sent, qui les résume, qui les raconte
et qui leur crie : « Aidons-nous les uns les autres à
ne pas désespérer. »

Et pourtant ce siècle, ce triste et grand siècle où
nous vivons s'en va, ce nous semble, à la dérive;
il glisse sur la pente des abîmes, et j'en entends qui

me disent : « Où allons-nous ? Vous qui regardez souvent l'horizon, qu'y découvrez-vous ? Sommes-nous dans le flot qui monte ou qui descend ? Allons-nous échouer sur la terre promise, ou dans les gouffres du chaos ? »

Je ne puis répondre à ces cris de détresse. Je ne suis pas illuminée du rayon prophétique, et les plus habiles raisonnements, ceux qui s'appuient mathématiquement sur les chances politiques, économiques et commerciales, se trouvent toujours déjoués par l'imprévu, parce que l'imprévu c'est le génie bienfaisant ou destructeur de l'humanité qui tantôt sacrifie ses intérêts matériels à sa grandeur morale, et tantôt sa grandeur morale à ses intérêts matériels.

Il est bien vrai que le soin jaloux et inquiet des intérêts matériels domine la situation présente. Après les grandes crises, ces préoccupations sont naturelles, et ce *sauve qui peut* de l'individualité menacée est, sinon glorieux, du moins légitime. Ne nous en irritons pas trop, car toute chose qui n'a pas pour but un sentiment de providence collective rentre malgré soi dans les desseins de cette providence. Il est évident que l'ouvrier qui dit : « Du travail avant tout et malgré tout, » subit les nécessités du moment et ne regarde que le moment où il vit ; mais par l'âpreté du travail il marche à la notion de la dignité et à la conquête de l'indépendance.

Il en est ainsi de tous les ouvriers placés sur tous les échelons de la société. L'industrialisme tend à se dégager de toute espèce de servage et à se constituer en puissance active, sauf à se moraliser plus tard et à se constituer en puissance légitime par l'association fraternelle.

C'est à ce moment que nos prévisions l'attendent et que nous nous demandons si, après l'éclat éphémère des derniers trônes, les civilisations de l'Europe se constitueront en républiques aristocratiques ou démocratiques. Là apparaît l'abîme..., une conflagration générale ou des luttes partielles sur tous les points. Quand on a respiré seulement pendant une heure l'atmosphère de Rome, on voit cette clef de voûte du grand édifice du vieux monde si prête à se détacher qu'on croit sentir trembler la terre des volcans, la terre des hommes !

Mais quelle sera l'issue? sur quelles laves ardentes ou sur quels impurs limons nous faudra-t-il passer ? De quoi vous tourmentez-vous là ? L'humanité tend à se niveler, elle le veut, elle le doit, elle le fera. Dieu l'aide et l'aidera toujours par une action invisible toujours résultant des propriétés de la force humaine et de l'idéal divin qu'il lui est permis d'entrevoir. Que des accidents formidables entravent ses efforts, hélas ! ceci est à prévoir, à accepter d'avance. Pourquoi ne pas envisager la vie générale comme nous envisageons notre vie individuelle ?

Beaucoup de fatigues et de douleurs, un peu d'espoir et de bien : la vie d'un siècle ne résume-t-elle
pas la vie d'un homme? Auquel d'entre nous est-il
arrivé d'entrer, une fois pour toutes, dans la réali-
sation de ses bons ou mauvais désirs?

Ne cherchons pas, comme d'impuissants augures,
la clef des destinées humaines dans un ordre de faits
quelconque. Ces inquiétudes sont vaines, nos commentaires sont inutiles. Je ne pense pas que la di-
vination soit le but de l'homme sage de notre
époque. Ce qu'il doit chercher, c'est d'éclairer sa
raison, d'étudier le problème social et de se vivifier
par cette étude en la faisant dominer par quelque
sentiment pieux et sublime. O Louis Blanc, c'est le
travail de votre vie que nous devrions avoir souvent
sous les yeux ! Au milieu des jours de crise qui font
de vous un proscrit et un martyr, vous cherchez
dans l'histoire des hommes de notre époque l'esprit
et la volonté de la Providence. Habile entre tous à
expliquer les causes des révolutions, vous êtes plus
habile encore à en saisir, à en indiquer le but. C'est
là le secret de votre éloquence, c'est là le feu sacré
de votre art. Vos écrits sont de ceux qu'on lit pour
savoir les faits, et qui vous forcent à dominer ces
faits par l'inspiration de la justice et l'enthousiasme
du vrai éternel.

Et vous aussi, Henri Martin, Edgard Quinet,
Michelet, vous élevez nos cœurs, dès que vous pla-

cez les faits de l'histoire sous nos yeux. Vous ne
touchez point au passé sans nous faire embrasser les
pensées qui doivent nous guider dans l'avenir.

Et vous aussi, Lamartine, bien que, selon nous,
vous soyez trop attaché aux civilisations qui ont
fait leur temps, vous répandez, par le charme et
l'abondance de votre génie, des fleurs de civilisation sur notre avenir.

Se préparer chacun pour l'avenir, c'est donc l'œuvre des hommes que le présent empêche de se préparer en commun. Sans nul doute, elle est plus
prompte et plus animée, cette initiation de la vie
publique, sous le régime de la liberté; les ardentes
ou paisibles discussions des clubs et l'échange inof-
fensif ou agressif des émotions du forum éclairent
rapidement les masses, sauf à les égarer quelquefois;
mais les nations ne sont pas perdues parce qu'elles
se recueillent et méditent, et l'éducation des sociétés
se continue sous quelque forme que revête la politique des temps.

En somme, le siècle est grand, bien qu'il soit
malade, et les hommes d'aujourd'hui, s'ils ne font
pas les grandes choses de la fin du siècle dernier,
en conçoivent, en rêvent et peuvent en préparer de
plus grandes encore. Ils sentent déjà profondément
qu'ils le doivent.

Et nous aussi, nous avons nos moments d'abattement et de désespoir, où il nous semble que le

monde marche follement vers le culte des dieux de
la décadence romaine. Mais si nous tâtons notre
cœur, nous le trouvons épris d'innocence et de charité comme aux premiers jours de notre enfance.
Eh bien, faisons tous ce retour sur nous-mêmes, et
disons-nous les uns aux autres que notre affaire
n'est pas de surprendre les secrets du ciel au calen-
drier des âges, mais de les empêcher de mourir in-
féconds dans nos âmes.

CONCLUSION.

Je n'avais pas eu de bonheur dans toute cette phase de mon existence. Il n'est de bonheur pour personne. Ce monde-ci n'est pás établi pour une stabilité de satisfactions quelconques.

J'avais eu des *bonheurs*, c'est-à-dire des joies, dans l'amour maternel, dans l'amitié, dans la réflexion et dans la rêverie. C'était bien assez pour remercier le Ciel. J'avais goûté les seules douceurs dont je pusse avoir soif.

Quand je commençai à écrire le récit que je suspends ici, je venais d'être abreuvée de douleurs plus profondes encore que celles que j'ai pu raconter. J'étais cependant calme et maîtresse de ma volonté, en ce sens que, mes souvenirs se pressant devant moi sous mille facettes qui pouvaient être différentes à mon appréciation, je sentis ma conscience assez saine et ma religion assez bien établie en moi-

même pour m'aider à saisir le vrai jour dont le
passé devait s'éclairer à mes propres yeux.

Maintenant que je vais fermer l'histoire de ma
vie à cette page, c'est-à-dire plus de sept ans après
en avoir tracé la première page, je suis encore sous
le coup d'une épouvantable douleur personnelle.

Ma vie, deux fois ébranlée profondément, en
1847 et en 1855, s'est pourtant défendue de l'attrait
de la tombe; et mon cœur, deux fois brisé, cent
fois navré, s'est défendu de l'horreur du doute.

Attribuerai-je ces victoires de la foi à ma propre
raison, à ma propre volonté? Non. Il n'y a en moi
rien de fort que le besoin d'aimer.

Mais j'ai reçu du secours, et je ne l'ai pas méconnu, je ne l'ai pas repoussé.

Ce secours, Dieu me l'a envoyé, mais il ne s'est
pas manifesté à moi par des miracles. Pauvres
humains, nous n'en sommes pas dignes, nous ne
serions pas capables de les supporter, et notre faible
raison succombe dès que nous croyons voir apparaître la face des anges dans le nimbe flamboyant
de la Divinité. Mais la grâce m'est venue comme
elle vient à tous les hommes, comme elle peut,
comme elle doit leur venir, par l'enseignement
mutuel de la vérité. Leibnitz d'abord, et puis Lamennais, et puis Lessing, et puis Herder expliqué
par Quinet, et puis Pierre Leroux, et puis Jean
Reynaud, et puis Leibnitz encore, voilà les prin-

cipaux repères qui m'ont empêchée de trop flotter dans ma route à travers les diverses tentatives de la philosophie moderne. De ces grandes lumières, je n'ai pas tout absorbé en moi à dose égale, et je n'ai pas même gardé tout ce que j'avais absorbé à un moment donné. Ce qui le prouve, c'est la fusion qu'à une certaine distance de ces diverses phases de ma vie intérieure j'ai pu faire en moi de ces grandes sources de vérité, cherchant sans cesse, et m'imaginant parfois trouver le lien qui les unit, en dépit des lacunes qui les séparent. Une doctrine toute d'idéal et de sentiment sublime, la doctrine de Jésus, les résume encore, quant aux points essentiels, au-dessus de l'abîme des siècles. Plus on examine les grandes révélations du génie, plus la céleste révélation du cœur grandit dans l'esprit, à l'examen de la doctrine évangélique.

Ceci n'est peut-être pas une formule très-*avancée* dans l'opinion de mon siècle. Le siècle ne va pas de ce côté-là pour le moment. Peu importe, les temps viendront.

Terre de Pierre Leroux, *Ciel* de Jean Reynaud, *Univers* de Leibnitz, *Charité* de Lamennais, vous montez ensemble vers le Dieu de Jésus; et quiconque vous lira sans s'attacher trop aux subtilités de la métaphysique et sans se cuirasser dans les armures de la discussion, sortira de votre rayonnement plus lucide, plus sensible, plus aimant et plus sage.

15.

Chaque secours de la sagesse des maîtres vient à point en ce monde où il n'est pas de conclusion absolue et définitive. Quand, avec la jeunesse de mon temps, je secouais la voûte de plomb des mystères, Lamennais vint à propos étayer les parties sacrées du temple. Quand, indignés après les lois de septembre, nous étions prêts encore à renverser le sanctuaire réservé, Leroux vint, éloquent, ingénieux, sublime, nous promettre le règne du ciel sur cette même terre que nous maudissions. Et, de de nos jours, comme nous désespérions encore, Reynaud, déjà grand, s'est levé plus grand encore pour nous ouvrir, au nom de la science et de la foi, au nom de Leibnitz et de Jésus, l'infini des mondes comme une patrie qui nous réclame.

J'ai dit le secours de Dieu qui m'a soutenue par l'intermédiaire des enseignements du génie; je veux dire, en finissant, le secours également divin qui m'a été envoyé par l'intermédiaire des affections du cœur.

Sois bénie, amitié filiale qui as répondu à toutes les fibres de ma tendresse maternelle ; soyez bénis, cœurs éprouvés par de communes souffrances, qui m'avez rendue chaque jour plus chère la tâche de vivre pour vous et avec vous !

Sois béni aussi, pauvre ange arraché de mon sein et ravi par la mort à ma tendresse sans bornes ! Enfant adoré, tu as été rejoindre dans le ciel de l'amour le George adoré de Marie Dorval. Marie Dorval est morte de sa douleur, et moi, j'ai pu rester debout, hélas !

Hélas, et merci, mon Dieu. Puisque la douleur est le creuset où l'amour s'épure, et puisque, véritablement aimée de quelques-uns, je peux encore ne pas tomber sur la route où la charité envers tous nous commande de marcher.

14 juin 1855.

FIN.

TABLE

DU TOME DIXIÈME.

CHAPITRE NEUVIÈME.

CHAPITRE DIXIÈME.

TABLE

DU TOME DIXIÈME.

CINQUIÈME PARTIE.

(Suite.)

CHAPITRE SEPTIÈME.

CHAPITRE HUITIÈME.

FIN DE LA TABLE.